中华人民共和国税收征收管理法

注释本

法律出版社法规中心 编

法律出版社
LAW PRESS CHINA
·北 京·

图书在版编目（CIP）数据

中华人民共和国税收征收管理法注释本 / 法律出版社法规中心编. -- 3 版. -- 北京：法律出版社，2025.（法律单行本注释本系列）. -- ISBN 978-7-5197-9730-0

Ⅰ. D922.220.5

中国国家版本馆 CIP 数据核字第 20248T2B73 号

中华人民共和国税收征收管理法注释本
ZHONGHUA RENMIN GONGHEGUO SHUISHOU ZHENGSHOU GUANLIFA ZHUSHIBEN

法律出版社法规中心 编

责任编辑 李 群 陈 熙
装帧设计 李 瞻

出版发行 法律出版社
编辑统筹 法规出版分社
责任校对 张红蕊
责任印制 耿润瑜
经　　销 新华书店

开本 850 毫米×1168 毫米 1/32
印张 6　**字数** 129 千
版本 2025 年 1 月第 3 版
印次 2025 年 1 月第 1 次印刷
印刷 北京中科印刷有限公司

地址：北京市丰台区莲花池西里 7 号（100073）
网址：www. lawpress. com. cn
投稿邮箱：info@ lawpress. com. cn
举报盗版邮箱：jbwq@ lawpress. com. cn

销售电话：010-83938349
客服电话：010-83938350
咨询电话：010-63939796

书号：ISBN 978-7-5197-9730-0　**定价**：18.00 元

编辑出版说明

现代社会是法治社会，社会发展离不开法治护航，百姓福祉少不了法律保障。遇到问题依法解决，已经成为人们处理矛盾、解决纠纷的不二之选。然而，面对纷繁复杂的法律问题，如何精准、高效地找到法律依据，如何完整、准确地理解和运用法律，日益成为人们"学法、用法"的关键所在。

为了帮助读者快速准确地掌握"学法、用法"的本领，我社开创性地推出了"法律单行本注释本系列"丛书，至今已十余年。本丛书历经多次修订完善，现已出版近百个品种，涵盖了社会生活的重要领域，已经成为广大读者学习法律、应用法律之必选图书。

本丛书具有以下特点：

1. 出版机构权威。成立于1954年的法律出版社，是全国首家法律专业出版机构，始终秉承"为人民传播法律"的宗旨，完整记录了中国法治建设发展的全过程，享有"社会科学类全国一级出版社"等荣誉称号，入选"全国百佳图书出版单位"。

2. 编写人员专业。本丛书皆由相关法律领域内的专业人士编写，确保图书内容始终紧跟法治进程，反映最新立法动态，体现条文本义内涵。

3. 法律文本标准。作为专业的法律出版机构，多年来，我社始终使用全国人民代表大会常务委员会公报刊登的法律文本，积淀了丰富的标准法律文本资源，并根据立法进度及时更新相关内容。

4. 条文注解精准。本丛书以立法机关的解读为蓝本，给每个条文提炼出条文主旨，并对重点条文进行注释，使读者能精准掌握立法意图，轻松理解条文内容。

5. 配套附录实用。书末“附录”部分收录的均为重要的相关法律、法规和司法解释，使读者在使用中更为便捷，使全书更为实用。

需要说明的是，本丛书中“适用提要”“条文主旨”“条文注释”等内容皆是编者为方便读者阅读、理解而编写，不同于国家正式通过、颁布的法律文本，不具有法律效力。本丛书不足之处，恳请读者批评指正。

我们用心打磨本丛书，以期待为法律相关专业的学生释法解疑，致力于为每个公民的合法权益撑起法律的保护伞。

法律出版社法规中心

2024 年 12 月

目　录

附　　录

《中华人民共和国税收征收管理法》适用提要

1992年9月，七届全国人大常委会第二十七次会议通过了《税收征收管理法》①。1995年2月，八届全国人大常委会第十二次会议对个别条款作出修改。《税收征收管理法》的制定和施行，对于加强税收征收管理，保障国家税收收入，保护纳税人的合法权益，调整征纳关系，改善税收征管环境，促进税收征管法治化、科学化、规范化，发挥了重要的作用。

随着改革的深化、开放的扩大和社会主义市场经济体制的逐步建立与发展，经济和社会各方面都发生了许多变化，税收征管面临许多新情况、新问题，《税收征收管理法》即使经过1995年的修改，也已经不能完全适应实际需要。为了进一步加强税收征管，更好地保障国家税收收入，保护纳税人的合法权益，制止和惩处税收违法行为，对《税收征收管理法》进行修改、完善，是十分必要的。2001年4月28日，九届全国人大常委会第二十一次会议对《税收征收管理法》作了修订。其主要内容如下：

---

① 为方便阅读，本书中的法律名称均使用简称。

一、强化税源管理，健全基础制度，堵塞税收漏洞

税源管理是做好税收征管工作的前提。为了强化税源管理，完善税收基础制度建设，保证税务机关及时收缴税款，从以下几个方面对1995年《税收征收管理法》作了修改和补充：

1. 加强工商行政管理机关与税务机关的配合，促进纳税人依法办理税务登记。增加规定："工商行政管理机关应当将办理登记注册、核发营业执照的情况，定期向税务机关通报。"同时，在"法律责任"一章中增加规定："纳税人不办理税务登记的，由税务机关责令限期改正；逾期不改正的，经税务机关提请，由工商行政管理机关吊销其营业执照。"

2. 加强对纳税人银行账户的管理，以有效监控纳税人的生产经营活动。实践中从事生产、经营的纳税人在金融机构多头开户的情况很严重，难以检查纳税人的税收违法行为。针对这个问题，增加规定："从事生产、经营的纳税人应当按照国家有关规定，持税务登记证件，在银行或者其他金融机构开立基本存款帐户和其他存款帐户，并将其全部帐号向税务机关报告。"

3. 堵塞漏洞，从严控制延期纳税。为了加强对延期纳税的管理，法条从严规定了延期纳税的条件，并将审批机关提高到省、自治区、直辖市税务机关，但是最长不得超过三个月。

4. 确立国家税收优先的原则，保证税款的收缴。税收是国家财政收入的主要组成部分，法律应当予以特别保护。为此增加规定："税务机关征收税款，税收优先于无担保债权，法律另有规定的除外；纳税人欠缴的税款发生在纳税人以其财产设定抵押、质押或者纳税人的财产被留置之前的，税收应当先于抵押权、质权、留置权执行。""纳税人欠缴税款，同时又被行政机关决定处以罚款、没收违法所得的，税收优先于罚款、没收违法所得。"

二、进一步明确和保护纳税人的权利，加强对税务机关的执法监督

1. 进一步明确和保护纳税人的权利

按照权利和义务平衡的原则，纳税人有依法纳税的义务，同时也享有相应的权利。1995 年《税收征收管理法》对纳税人权利的规定不够充分，有必要进一步加以明确和完善。因此，增加规定："纳税人、扣缴义务人有权向税务机关了解国家税收法律、行政法规的规定以及与纳税程序有关的情况。""纳税人、扣缴义务人有权要求税务机关为纳税人、扣缴义务人的情况保密。税务机关应当依法为纳税人、扣缴义务人的情况保密。""纳税人依法享有申请减税、免税、退税的权利。""纳税人、扣缴义务人对税务机关所作出的决定，享有陈述权、申辩权；依法享有申请行政复议、提起行政诉讼、请求国家赔偿等权利。""纳税人、扣缴义务人有权控告和检举税务机关、税务人员的违法违纪行为。"

2. 加强对税务机关的执法监督，促使税务机关依法行政

对行政机关加强监督，是保证行政机关依法行政的重要措施。在加强税收征管、强化税务执法力度的同时，需要加强执法监督，避免滥用职权、滋生腐败、侵犯群众利益。因此，增加规定："各级税务机关应当建立、健全内部制约和监督管理制度。""上级税务机关应当对下级税务机关的执法活动依法进行监督。""各级税务机关应当对其工作人员执行法律、行政法规和廉洁自律准则的情况进行监督检查。""税务人员征收税款和查处税收违法案件，与纳税人、扣缴义务人或者税收违法案件有利害关系的，应当回避。"

三、对法律责任进行必要的修改、调整和补充

1. 规定对偷税等税收违法行为罚款的下限

1995 年《税收征收管理法》规定，对偷税等税收违法行为

给予不缴或者少缴税款五倍以下的罚款。由于没有规定处罚的下限,税务机关的自由裁量权过大。针对这种情况,2001 年修改后的《税收征收管理法》对偷税、抗税等税收违法行为,规定处所涉税款百分之五十以上五倍以下的罚款;对骗取国家出口退税款的行为,处骗取税款一倍以上五倍以下的罚款;构成犯罪的,依法追究刑事责任。

2. 明确扣缴义务人的法律责任

1995 年《税收征收管理法》规定,扣缴义务人应扣未扣、应收未收税款的,由扣缴义务人缴纳应扣未扣、应收未收税款。这样规定,一是扣缴义务人承担的法律责任过轻;二是没有明确纳税人是否应当继续履行纳税义务。针对这个问题,2001 年修订《税收征收管理法》时,将上述规定修改为:"扣缴义务人应扣未扣、应收而不收税款的,由税务机关向纳税人追缴税款,对扣缴义务人处应扣未扣、应收未收税款百分之五十以上三倍以下的罚款。"

2013 年和 2015 年,《税收征收管理法》各经过一次小修,每次修正仅修改 1 条:

2013 年 6 月 29 日十二届全国人大常委会第三次会议《关于修改〈中华人民共和国文物保护法〉等十二部法律的决定》,将《税收征收管理法》第 15 条第 1 款修改为:"企业,企业在外地设立的分支机构和从事生产、经营的场所,个体工商户和从事生产、经营的事业单位(以下统称从事生产、经营的纳税人)自领取营业执照之日起三十日内,持有关证件,向税务机关申报办理税务登记。税务机关应当于收到申报的当日办理登记并发给税务登记证件。"这一规定取消了 2001 年《税收征收管理法》"税务机关应当自收到申报之日起三十日内审核并发给税务登记证件"所规定的 30 日审核期限,是在落实深化行政审批制度改革的过程中，对纳税登记采取的简政放权措施。这一规定不仅为纳税人提供了便利，也对税务机关的行政效率提出了新的要求，对推进税务机关从管理职能向服务职能的转变具有重要意义。

2015 年 4 月 24 日十二届全国人大常委会第十四次会议《关于修改〈中华人民共和国港口法〉等七部法律的决定》，将《税收征收管理法》第 33 条修改为："纳税人依照法律、行政法规的规定办理减税、免税。地方各级人民政府、各级人民政府主管部门、单位和个人违反法律、行政法规规定，擅自作出的减税、免税决定无效，税务机关不得执行，并向上级税务机关报告。"取消了我国传统的减免税审批制。

与《税收征收管理法》相关适用的法律、法规很多，主要有《企业所得税法》《个人所得税法》《行政复议法》《行政处罚法》等。

中华人民共和国税收征收管理法

（1992年9月4日第七届全国人民代表大会常务委员会第二十七次会议通过　根据1995年2月28日第八届全国人民代表大会常务委员会第十二次会议《关于修改〈中华人民共和国税收征收管理法〉的决定》第一次修正　2001年4月28日第九届全国人民代表大会常务委员会第二十一次会议修订　根据2013年6月29日第十二届全国人民代表大会常务委员会第三次会议《关于修改〈中华人民共和国文物保护法〉等十二部法律的决定》第二次修正　根据2015年4月24日第十二届全国人民代表大会常务委员会第十四次会议《关于修改〈中华人民共和国港口法〉等七部法律的决定》第三次修正）

第一章　总　　则

第一条　【立法目的】[①]为了加强税收征收管理，规范税收征收和缴纳行为，保障国家税收收入，保护纳税人的合法权益，促进经济和社会发展，制定本法。

---

① 条文主旨为编者所加，下同。

条文注释

本法是一部重要的税收程序法;制定这部法律的根本任务,就是根据经济发展的要求,调整税收征纳关系,规范税收征收管理活动。

关联法规

《税收征收管理法实施细则》第1条

第二条 【适用范围】凡依法由税务机关征收的各种税收的征收管理,均适用本法。

条文注释

法律的适用范围也就是法律的效力范围,可以从以下三个方面来确定:一是法律的空间效力;二是法律对人的效力;三是法律的时间效力。

法律的空间效力,就是法律效力所及的地域范围,是根据其制定的主体的权限确定的。有的法律效力在整个地域内有效,有的法律效力在该地域内有一定界限。

法律对人的效力,就是法律效力所及的人的范围,也就是对哪些人有效。在本法效力所及地域内,不分国籍,不论是自然人或法人,只要有本法所调整的税收的征收或缴纳行为,都适用本法。

法律的时间效力,就是法律效力的时间界限。本法的施行日期在第94条作了规定,将在对该条内容的解释中作出具体阐述。

法律的调整对象,是指法律所要规范的对象。按照本条的规定,本法的调整对象是依法由税务机关征收的各种税收的征收管理行为,包括税收征收行为和缴纳行为。这样规定与我国现行的税收征收管理体制是相适应的。

按照本条规定，在中华人民共和国境内，除香港、澳门特别行政区和台湾地区以外，不论是中国人或外国人、自然人或法人，只要是属于由税务机关负责征收的税种的征收管理活动，包括税务机关的征收行为和纳税人的缴纳行为以及其他有关当事人的行为，都必须遵守本法的规定。

关联法规

《个人所得税法》第20条；《税收征收管理法实施细则》第2条

第三条 【法律适用】税收的开征、停征以及减税、免税、退税、补税，依照法律的规定执行；法律授权国务院规定的，依照国务院制定的行政法规的规定执行。

任何机关、单位和个人不得违反法律、行政法规的规定，擅自作出税收开征、停征以及减税、免税、退税、补税和其他同税收法律、行政法规相抵触的决定。

条文注释

税收征收必须依照法律规定进行，这是税收法定原则的重要内容，是由税收的本质决定的。税收法定原则是税收活动中最重要的一项基本原则，它的一个核心内容就是课税要素的法定原则。其含义是，由于税收是国家为实现职能而对单位和个人占有的部分财产的强制再分配，税收征收管理对单位和个人的基本财产权利有重要影响，同时也对国家利益有重要影响，因此，课税要素的全部内容必须由法律规定。

课税要素主要包括纳税人、征税机关、征税对象、税率、税收优惠、征税基本程序、税务争议的解决办法等。这些课税要素是纳税义务成立的必要条件，课税要素由法律规定才能保证依法设定纳税义务。

关联法规

《税收征收管理法实施细则》第3条

第四条　【纳税人】 法律、行政法规规定负有纳税义务的单位和个人为纳税人。

法律、行政法规规定负有代扣代缴、代收代缴税款义务的单位和个人为扣缴义务人。

纳税人、扣缴义务人必须依照法律、行政法规的规定缴纳税款、代扣代缴、代收代缴税款。

条文注释

纳税义务人就是负有纳税义务的人，一般简称纳税人，是税收征纳关系中的纳税主体，是课税要素的最基本内容之一；任何税种都有纳税人，明确什么人为纳税人是税收征收的前提条件之一。根据税收法定原则中课税要素法定的要求，纳税人必须依法确定。因此，法律、行政法规规定负有纳税义务的单位和个人为纳税人。按照本条第1款的规定，纳税人具有以下三个主要特征：其一，纳税人是由法律、行政法规确定的；其二，纳税人负有依法缴纳税款的义务；其三，纳税人可以是自然人，也可以是法人。

按照本条第2款的规定，扣缴义务人有以下三个特征：其一，扣缴义务人是法律、行政法规确定的；其二，扣缴义务人是依法负有代扣代缴、代收代缴税款义务的人；其三，扣缴义务人可以是自然人，也可以是法人。

纳税人、扣缴义务人经法律、行政法规确定后，应当依法履行自己的义务。纳税人必须依照法律、行政法规的规定缴纳税款，扣缴义务人必须依照法律、行政法规的规定代扣代缴税款。纳税人、扣缴义务人违反法律规定不履行义务的，要承担相应的法律责任。

关联法规

《个人所得税法》第1条;《印花税法》第1条;《城镇土地使用税暂行条例》第2条;《增值税暂行条例》第1条

第五条 【税务主管】国务院税务主管部门主管全国税收征收管理工作。各地国家税务局和地方税务局应当按照国务院规定的税收征收管理范围分别进行征收管理。

地方各级人民政府应当依法加强对本行政区域内税收征收管理工作的领导或者协调,支持税务机关依法执行职务,依照法定税率计算税额,依法征收税款。

各有关部门和单位应当支持、协助税务机关依法执行职务。

税务机关依法执行职务,任何单位和个人不得阻挠。

条文注释

税收征收管理,是国家的一项重要职能,是政府的一项重要职责,需要通过各级政府及其所属的有关职能部门负责具体组织实施。为了保证国家税收征收管理职能的实现,有必要以法律形式确定税收征收管理体制,明确政府及其职能部门在税收征收管理中的职责权限。理解本条规定,应注意以下几点:

第一,国务院税务主管部门主管全国税收征收管理工作。国务院是国家最高行政机关。国务院税务主管部门是国家行政层级最高的税务机关,全国税收征收管理工作应当由国务院税务主管部门负责。

第二,各地国家税务局和地方税务局应当按照国务院规定的税收征收管理范围分别进行征收管理。

第三，地方各级人民政府应当依法加强对本行政区域内税收征收管理工作的领导或者协调，支持税务机关依法执行职务，依照法定税率计算税额，依法征收税款。

第四，各有关部门和单位应当支持、协助税务机关依法执行职务。税务机关依法执行职务，征收税款，是为了国家的税收利益，各有关部门和单位都有责任予以支持和协助。

第五，税务机关依法执行职务，任何单位和个人不得阻挠。税务机关依照法律、行政法规的规定实施税收征收管理，就是依法执行职务，对此，任何单位和个人有责任予以支持、配合或协助，且不得进行阻挠。

关联法规

《税收征收管理法实施细则》第4条

第六条　【信息】国家有计划地用现代信息技术装备各级税务机关，加强税收征收管理信息系统的现代化建设，建立、健全税务机关与政府其他管理机关的信息共享制度。

纳税人、扣缴义务人和其他有关单位应当按照国家有关规定如实向税务机关提供与纳税和代扣代缴、代收代缴税款有关的信息。

第七条　【税务宣传与咨询】税务机关应当广泛宣传税收法律、行政法规，普及纳税知识，无偿地为纳税人提供纳税咨询服务。

条文注释

法律制定通过后，关键在于实施。法律宣传工作做得如何与法律能否顺利实施有紧密联系；加强法律的宣传，可以使人们更好地了解法定的权利和义务，增强守法意识，有利于法律的顺利实施。税收法律、行政法规是我国税收制度的法律基础，是税收活动的基本规范，对经济生活有重要影响，几乎与每个人都有密切关系。在实际生活中，许多单位和个人对税法规定的权利义务了解较少，纳税知识也很缺乏；这不利于税法的执行，纳税人的自我权益保护也会受到影响。为推进税法的有效实施，税务机关应担负起以下三项法定职责：第一，广泛宣传税收法律、行政法规。人们对法律的了解增多、理解加深，既可以促使他们依法履行纳税义务，又有利于加强对税务机关执法的监督。第二，普及纳税知识。纳税知识包括税收方面的基本理论知识和实践经验。税务机关如果在社会上广泛普及纳税知识，使人们了解税收是国家为满足社会公共需要而征收的，我们社会主义国家的税收是用来发展生产、改善人民群众物质文化生活的，是取之于民用之于民，使人们了解自己纳税的基本要求，将会有利于提高人们纳税的自觉性，便于纳税人依法纳税。第三，应当无偿地为纳税人提供纳税咨询服务。由于税收法律、行政法规的数量很多，内容复杂，专业性强，仅靠宣传，纳税人不一定能够充分了解、准确把握。为确保纳税人准确及时了解税法信息，还需税务机关为纳税人提供纳税咨询服务。这种纳税咨询服务实质上是为税收征收管理服务的，是税收征管工作中的一项重要内容，因此应当是无偿的。

第八条　【纳税人和扣缴义务人的权利】纳税人、扣缴义务人有权向税务机关了解国家税收法律、行政法规的规定以及与纳税程序有关的情况。

纳税人、扣缴义务人有权要求税务机关为纳税人、扣缴义务人的情况保密。税务机关应当依法为纳税人、扣缴义务人的情况保密。

纳税人依法享有申请减税、免税、退税的权利。

纳税人、扣缴义务人对税务机关所作出的决定，享有陈述权、申辩权；依法享有申请行政复议、提起行政诉讼、请求国家赔偿等权利。

纳税人、扣缴义务人有权控告和检举税务机关、税务人员的违法违纪行为。

条文注释

首先，纳税人、扣缴义务人依法享有知情权。知情权是行政相对人依法享有的了解行政机关从事管理活动依据的权利和行政行为程序的权利。行政机关的行政行为必须遵循合法原则和管理公开原则，必须接受监督，因此，行政相对人应有知情权。其次，纳税人、扣缴义务人依法享有利益保障权。行政机关在从事管理活动中对行政相对人的合法利益应当给予保护，行政相对人依法享有要求行政机关保障其合法利益的权利。再次，纳税人依法享有减税、免税、退税的请求权。减税、免税、退税是对某些纳税人和征税对象给予鼓励或照顾的一种税收优惠措施。出口退税是对纳税人出口产品给予鼓励或照顾的一种税收优惠措施。复次，纳税人、扣缴义务人依法享有参与行政程序、请求司法救济和国家赔偿的权利。行政机关的行政行为对行政相对人的权利义务会产生直接或间接的影响。行政行为是否公正与行政行为是否符合行政程序有密切关系，科学的行政程序应当允许行政相对人参与，即公开程序、允许当事人陈述或申辩，等等。最后，纳税人、扣缴义务人享有控告、检举权。这是我国《宪法》赋予的权利。

关联法规

《税收征收管理法实施细则》第5条;《行政诉讼法》第2条;《国家赔偿法》第2条;《行政复议法》第2条

第九条 【税务机关与人员的职责】税务机关应当加强队伍建设,提高税务人员的政治业务素质。

税务机关、税务人员必须秉公执法,忠于职守,清正廉洁,礼貌待人,文明服务,尊重和保护纳税人、扣缴义务人的权利,依法接受监督。

税务人员不得索贿受贿、徇私舞弊、玩忽职守、不征或者少征应征税款;不得滥用职权多征税款或者故意刁难纳税人和扣缴义务人。

条文注释

税务机关是《税收征收管理法》的执法主体,担负着加强税收征收管理、保障国家税收收入、保护纳税人合法权益的重要职责。税务人员是国家公务人员;在具体的税收征收管理活动中,税务人员是税务机关的代表。比如,办理税务登记,进行税务检查等,都是由税务人员去具体实施的。为了促使税务机关不断提高税收征收管理水平,保证依法行政,从法律上规定税务机关应当加强队伍建设,提高税务人员的政治业务素质,是必要的。

税务机关、税务人员在执法过程中,应当遵守法定的行为规则,主要有以下五点:第一,税务机关、税务人员必须秉公执法,忠于职守,清正廉洁,礼貌待人,文明服务。第二,税务机关、税务人员应当尊重和保护纳税人、扣缴义务人的权利。在具体的执法过程中,对纳税人、扣缴义务人的合法权利,税务机关、税务人员应当给予保护,同时也应当予以尊重。第三，税务机关、税务人员的行为应当依法接受监督。第四，税务人员不得索贿受贿、徇私舞弊、玩忽职守、不征或者少征应征税款。第五，税务人员不得滥用职权多征税款或者故意刁难纳税人和扣缴义务人。以上五点是税务机关、税务人员在税收征收管理活动中所必须遵守的法定行为规则；违反这些规则，要承担相应的法律责任。

第十条 【税务机关的管理制度】各级税务机关应当建立、健全内部制约和监督管理制度。

上级税务机关应当对下级税务机关的执法活动依法进行监督。

各级税务机关应当对其工作人员执行法律、行政法规和廉洁自律准则的情况进行监督检查。

条文注释

本条第1款明确规定了税务机关建立、健全内部监督管理制度的法律原则。按照这一原则，各级税务机关，包括国务院税务主管部门以及各地国家税务局、地方税务局，都必须建立内部制约和监督管理制度。同时，建立了内部监督制度以后，还应当依法不断地健全和完善这项制度。

税务机关内部制约监督管理制度的一项重要内容，是上级税务机关依法对下级税务机关的监督。在税收征收管理活动中税务登记、税款征收及税务检查等，都是由基层税务机关负责具体操作的，基层税务机关、税务人员与纳税人的联系也最为密切；加强对基层税务机关的监督非常重要。

税务机关内部制约监督管理制度的另一项重要内容，是税务机关对其工作人员依法进行的监督。这是由组织对个人实施的一种工作监督和职业道德监督；对于规范税务机关工作人员的行为,保证公正执法,是非常必要的。各级税务机关都应当对其工作人员执行法律、行政法规和廉洁自律情况进行监督检查。

关联法规

《税收征收管理法实施细则》第6条;《税收管理员制度(试行)》

第十一条 【职责及相互关系】税务机关负责征收、管理、稽查、行政复议的人员的职责应当明确,并相互分离、相互制约。

条文注释

税务机关建立内部监督制度,最重要的是要形成有效的内部制约机制,确立内部控制的规则。实行主要工作岗位职责相分离,是形成内部制约机制、实行内部控制的基本规则,当然也是内部监督制度的核心内容。从实际中揭露出的一些行政机关执法腐败的案件看,许多重要的权力集中于一人或少数人手中,对权力缺乏必要的制约,缺少内部控制制度,是一个主要原因。因此,在本法中单列一条作出规定。按照本条规定,税务机关必须建立内部控制制度。这项制度的基本要求是:第一,主要岗位的人员的职责权限必须明确。第二,法定应当明确的职责是负责税收征收、管理、稽查、行政复议的人员的职责。第三,负责税收征收、管理、稽查、行政复议的人员的职责必须相互分离,相互制约。第四,除本条列明的四种主要岗位应当相互分离并相互制约外,如果在发展和改革过程中出现了新的需要分离的岗位,税务机关可以自行规定进行分离。

第十二条　【回避】税务人员征收税款和查处税收违法案件，与纳税人、扣缴义务人或者税收违法案件有利害关系的，应当回避。

条文注释

回避制度，是执法人员遇有法律规定的情形，应当不再参加执法活动的制度。这项制度的目的主要是保证执法活动能够客观、公正地进行。在我国税收征收管理活动中，为防止税务人员在征收税款或者查处违法案件时因与当事人有特殊关系而不公正执法，甚至徇私枉法，有必要实行执法回避制度。

按照本条规定，税务人员在征收税款和查处税收违法案件时，遇到下列三种情形，应当回避：一是与纳税人有利害关系。这种情形包括与纳税人是近亲属，或者与纳税人有其他关系，可能影响税收征收或者案件公正处理的。二是与扣缴义务人有利害关系。这种情形包括与扣缴义务人是近亲属，或者与扣缴义务人有其他关系，可能影响案件公正处理或者税款征收的。三是与税收违法案件有利害关系。这种情形包括税务人员本人与税收违法案件有利害关系或者其近亲属与税收违法案件有利害关系。

关联法规

《税收征收管理法实施细则》第 8 条

第十三条　【检举】任何单位和个人都有权检举违反税收法律、行政法规的行为。收到检举的机关和负责查处的机关应当为检举人保密。税务机关应当按照规定对检举人给予奖励。

条文注释

为了保护检举人的合法权益,防止检举人受到打击报复,本条明确规定了一项保密义务:收到检举的机关和负责查处的机关应当为检举人保密。这是一项法定义务。收到检举的机关和负责查处的机关必须认真履行这项义务;违反这项法定义务,就要承担相应的法律责任。对于保密的方式和保密的内容,法律未作具体规定,可由行政法规或规章规定;但不管确定什么保密方式、保密内容,都应当有利于保护检举人的合法权益。

为了鼓励检举违反税收法律、行政法规的行为,本条规定应当给予检举人奖励。这是一种行政奖励,实施奖励的主体是税务机关,奖励的对象是依法检举违反税收法律、行政法规的单位或个人。奖励主要包括精神奖励和物质奖励两大类。一般情况下,有效的奖励应具备三个要件:一是符合规定的奖励条件。二是符合法定的奖励形式。奖励机关违反规定另设奖励形式或变更奖励形式的,奖励无效。三是符合法定的奖励程序。奖励一般要经过申报、审查、决定和颁奖公布程序而生效。对于如何进行奖励,本法未作具体规定,应当依据有关规定办理。

关联法规

《税收征收管理法实施细则》第7条;《税收违法行为检举管理办法》;《检举纳税人税收违法行为奖励暂行办法》

第十四条 【税务机关】本法所称税务机关是指各级税务局、税务分局、税务所和按照国务院规定设立的并向社会公告的税务机构。

条文注释

根据我国的实际情况,本条对税务机关作出了界定。税务机关具体是指:

(1)各级税务局,包括国家税务总局,各地国家税务局、地方税务局。

(2)税务分局,是指地、市级以下的税务机构,主要包括涉外税务分局和地域性税务分局。

(3)税务所,是指县级以下的税务机构。

(4)按照国务院规定设立的并向社会公告的税务机构,这是税收征收管理体制改革过程中产生的新的执法主体。近年来,为适应税收征收管理体制改革的需要,许多地方的税务机关按照征收、管理、稽查职责相分离的原则,对税务机构的设置进行了改革,执法主体发生了若干变化,比如,许多县以下的国税局都改为征收分局。为适应税务机构改革的需要,法律授权国务院来确定新的执法主体。凡是按照国务院规定设立并向社会公告的税务机构,都属于税务机关,可以依照本法独立行使征税权。

关联法规

《税收征收管理法实施细则》第9条;《国家税务总局关于稽查局职责问题的通知》;《国家税务总局关于稽查局有关执法权限的批复》

第二章 税务管理

第一节 税务登记

第十五条 【税务登记】企业，企业在外地设立的分支机构和从事生产、经营的场所，个体工商户和从事生产、经营的事业单位（以下统称从事生产、经营的纳税人）自领取营业执照之日起三十日内，持有关证件，向税务机关申报办理税务登记。税务机关应当于收到申报的当日办理登记并发给税务登记证件。

工商行政管理机关应当将办理登记注册、核发营业执照的情况，定期向税务机关通报。

本条第一款规定以外的纳税人办理税务登记和扣缴义务人办理扣缴税款登记的范围和办法，由国务院规定。

条文注释

税务登记，又称纳税登记，是指税务机关为加强税源管理，防止税收流失，依法对纳税人开业、停业、复业及其他生产经营情况变化实行登记管理的一项税务管理制度。通过税务登记，税务机关能够全面了解和掌握本地区纳税户数量和税源分布情况；有利于加强税收征收管理，增强纳税人依法纳税意识，保障国家应收税款及时、足额收缴入库。

关联法规

《税收征收管理法实施细则》第10~13条；《税务登记管理办法》

第十六条 【变更登记与注销登记】从事生产、经营的纳税人，税务登记内容发生变化的，自工商行政管理机关办理变更登记之日起三十日内或者在向工商行政管理机关申请办理注销登记之前，持有关证件向税务机关申报办理变更或者注销税务登记。

条文注释

根据本条和国家有关规定，从事生产、经营的纳税人发生下列情形时，应当依法办理变更税务登记或者注销税务登记：

(1)纳税人改变名称、住所、经营地点、法定代表人，或者改变企业形式、核算方式、经济性质，或者改变经营范围、经营方式、注册资本、投资总额、开户银行及账号，或者改变生产经营期限、从业人数、营业执照号码、财务负责人、办税人员，或者改变原有分支机构的设置及其他登记事项，应当持变更税务登记申请书、工商变更登记表及营业执照、纳税人变更登记内容的决议或者有关证明、税务机关核发的税务登记证件和其他有关资料，向原税务登记机关申报办理变更税务登记。税务机关审核后，对符合条件的，予以办理变更登记；对不符合条件的，应当说明情况。

(2)纳税人发生解散、破产、被撤销、被吊销营业执照及其他依法应当终止纳税义务的情形的，应当持注销税务登记申请书、清算报告或者有关主管部门的批准文件及其他有关证明，向原税务登记机关申报办理注销税务登记。

本条的规定是从事生产、经营的纳税人的法定义务，从事生产、经营的纳税人应当依法履行。对不依法履行义务的纳税人，税务机关有权依法予以处罚。

关联法规

《税收征收管理法实施细则》第14~16条

第十七条 【账户账号】从事生产、经营的纳税人应当按照国家有关规定,持税务登记证件,在银行或者其他金融机构开立基本存款帐户和其他存款帐户,并将其全部帐号向税务机关报告。

银行和其他金融机构应当在从事生产、经营的纳税人的帐户中登录税务登记证件号码,并在税务登记证件中登录从事生产、经营的纳税人的帐户帐号。

税务机关依法查询从事生产、经营的纳税人开立帐户的情况时,有关银行和其他金融机构应当予以协助。

条文注释

存款账户,是存款人在银行或者其他金融机构开立的,为存款人提供信贷、结算、现金收付等金融业务服务的工具。存款账户按其不同用途分为以下四种:(1)基本存款账户,是存款人办理日常转账结算和现金收付的账户。存款人的工资、奖金等现金的支取,只能通过本账户办理。(2)一般存款账户,是存款人在基本存款账户以外的银行或者其他金融机构借款转存、与基本存款账户的存款人不在同一地点的附属非独立核算单位开立的账户。存款人可以通过本账户办理转账结算和现金缴存,但不能办理现金支取。(3)临时账户,是存款人因临时经营活动需要开立的账户。存款人可以通过本账户办理转账结算和根据国家现金管理的规定办理现金收付。(4)专用存款账户,是存款人因特定用途需要开立的账户,如基本建设资金账户、更新改造资金账户及其他需要专户管理的资金账户。

关联法规

《税收征收管理法实施细则》第17条

第十八条 【税务登记证件】纳税人按照国务院税务主管部门的规定使用税务登记证件。税务登记证件不得转借、涂改、损毁、买卖或者伪造。

条文注释

税务登记证件是由国务院税务主管部门监制，各级税务机关核发，表明纳税人已经履行税务登记义务的书面证明。

转借，是指纳税人有偿或者无偿地将税务机关核发给其专属使用的税务登记证件定期或者不定期地转让给其他单位或者个人使用的行为。涂改，是指纳税人利用化学制剂涂改或者其他非法手段抹去或者改写税务登记证件载明的登记事项的行为。损毁，是指纳税人采用涂抹、刻划、水洗、烧烤及其他破坏性手段，使税务登记证件破损，难以辨认真实内容的行为。买卖，是指纳税人以营利为目的，将税务登记证件卖给其他单位或者个人的行为。伪造，是指纳税人未依法办理税务登记并领取税务登记证件，而仿造税务登记证件，以假充真的行为。

上述行为严重违反国家关于税务登记证件使用管理的规定，不仅破坏税收征收管理秩序，而且为不法分子偷骗税款提供了方便，是法律严格禁止的行为。对纳税人不按照国家规定使用税务登记证件，或者转借、涂改、损毁、买卖、伪造税务登记证件的行为，税务机关依法予以查处。

关联法规

《税收征收管理法实施细则》第18～21条；《税务登记管理办法》第7、30～37条

第二节 帐簿、凭证管理

第十九条 【账簿】纳税人、扣缴义务人按照有关法律、行政法规和国务院财政、税务主管部门的规定设置帐簿，根据合法、有效凭证记帐，进行核算。

条文注释

本条所称账簿，是以会计凭证为依据，对单位的经济业务进行全面、系统、连续、分类记录和核算的簿籍，由具有一定格式、相互连缀的账页组成。按其不同用途，可以分为总账、明细账、日记账和其他辅助性账簿。

要求纳税人、扣缴义务人依法设置账簿，根据合法、有效凭证记账，进行核算，是税务管理的重要内容，对税务机关全面、系统地了解和掌握纳税人的生产、经营情况和扣缴义务人代扣代缴、代收代缴税款情况，准确核定纳税人应缴税额和扣缴义务人应扣应收税额，及时发现纳税人、扣缴义务人的税务违法行为（如应建账而未建账或者建假账，或者伪造凭证、盗用凭证、无证记账等），以及对纳税人、扣缴义务人改善经营管理，提高依法纳税和履行代扣代缴、代收代缴税款义务，具有重要作用。

依照法律、行政法规的规定可以不设置账簿的，税务机关有权核定其应缴税额。不依法设置账簿，擅自销毁账簿，拒不提供纳税资料，或者虽然设置账簿，但是账目混乱或者成本资料、收入凭证、费用凭证残缺不全，难以查账的，税务机关除有权核定其应纳税额外，还可依法予以处罚。

关联法规

《税收征收管理法实施细则》第22、23条

第二十条　【财务、会计制度或者财务、会计处理办法】 从事生产、经营的纳税人的财务、会计制度或者财务、会计处理办法和会计核算软件,应当报送税务机关备案。

纳税人、扣缴义务人的财务、会计制度或者财务、会计处理办法与国务院或者国务院财政、税务主管部门有关税收的规定抵触的,依照国务院或者国务院财政、税务主管部门有关税收的规定计算应纳税款、代扣代缴和代收代缴税款。

条文注释

财务制度,是指财务活动的规范。它具体规定财务管理的原则、任务和方法,是单位编制财务预算、资金筹集、资产管理、负债管理、对外投资、成本与费用管理、收入与分配管理以及资产处置、税款缴纳等管理必须遵循的规则。财务处理办法是对各项资金的取得、使用、耗费、分配等财务活动的具体处理方法。会计制度是组织管理会计核算与会计监督的规范,是经济管理制度的重要组成部分。会计处理办法是处理各项会计事务时运用的具体会计核算方法。

本条从监管的实际需要出发,对纳税人、扣缴义务人的财务、会计制度及其处理办法和会计核算软件的管理规定了两项基本制度:一是从事生产、经营的纳税人的财务、会计制度或者财务、会计处理办法和会计核算软件,应当报送税务机关备案,接受监督。二是纳税人、扣缴义务人的财务、会计制度或者财务、会计处理办法与国务院或者国务院财政、税务主管部门有关税收的规定抵触的,依照国务院或者国务院

财政、税务主管部门有关税收的规定计算应纳税款、代扣代缴和代收代缴税款。从事生产、经营的纳税人应当履行本条规定的义务；对于不履行的，由税务机关依法予以查处。

关联法规

《税收征收管理法实施细则》第24～27条

第二十一条 【发票】税务机关是发票的主管机关，负责发票印制、领购、开具、取得、保管、缴销的管理和监督。

单位、个人在购销商品、提供或者接受经营服务以及从事其他经营活动中，应当按照规定开具、使用、取得发票。

发票的管理办法由国务院规定。

条文注释

所谓发票，是指在购销商品、提供或者接受经营服务以及从事其他经营活动中，开具、收取的收付款凭证。发票的基本内容包括发票的名称、字轨号码、联次及用途、客户名称，开户银行及账号，商品名称或经营项目，计量单位、数量、单价、大小写金额，开票人，开票日期，开票单位(个人)名称(印章)等。本条所称发票，是指由国家法定机关依法指定企业印制并套印全国统一发票监制章的涉税发票。

发票的法定的证明效力在整个社会经济活动中的作用越来越大；特别是在税收征管和财务管理中，它既是财务收支和会计核算的原始凭证，也是税收监控的重要依据和手段。

关联法规

《发票管理办法》；《发票管理办法实施细则》；《税务机关代开增值税专用发票管理办法(试行)》

第二十二条 【发票的印制】增值税专用发票由国务院税务主管部门指定的企业印制；其他发票，按照国务院税务主管部门的规定，分别由省、自治区、直辖市国家税务局、地方税务局指定企业印制。

未经前款规定的税务机关指定，不得印制发票。

条文注释

各级税务机关在加强发票印制管理的过程中，必须建立严格的管理制度、资格条件、审批程序，明确职权、落实责任，把发票印制管理纳入法治轨道。发票印制管理应当做到：

(1)增值税专用发票由国家税务总局指定企业印制，其他发票由省、自治区、直辖市国家税务局、地方税务局按照国家税务总局的规定，指定企业印制。禁止私自印制、伪造、变造发票。

(2)发票防伪专用品由国家税务总局指定企业生产。禁止非法制造发票防伪专用品。

(3)在全国范围内统一式样的发票由国家税务总局确定，在省、自治区、直辖市范围内统一式样的发票由省级税务机关确定。

(4)发票应当使用中文印制。民族自治地方的发票，可以加印当地一种通用的民族文字。有实际需要的，也可以同时使用中外两种文字印制。发票应当套印全国统一发票监制章。全国统一发票监制章的式样和发票版面印刷的要求，由国家税务总局规定。禁止伪造发票监制章。

(5)省、自治区、直辖市税务机关对发票的印制实行统一管理，严格审查印制企业的资格，发给指定企业发票准印证。发票准印证和发票防伪专用品准产证由国家税务总局统一制发。税务机关应当定期对印制发票企业和生产发票防伪专用品的企业进行监督检查。对不符合条件的，应当取消其印制发票或生产发票防伪专用品资格。

(6)发票的印制，除增值税专用发票外，应当在本省、自治区、直辖市内印制；确有必要到外省、自治区、直辖市印制的，应当由省、自治区、直辖市税务机关商印制地税务机关同意。禁止在境外印制发票。

(7)印制发票企业和生产发票防伪专用品的企业印制、生产的产成品，以及印制发票企业购进的发票防伪专用品，应当按规定验收后专库保管，不得丢失。次品、废品应报税务机关批准集中销毁。

(8)发票应当实行不定期换版，具体换版时间、内容和要求由国家税务总局确定。

关联法规

《发票管理办法》第7～14条

第二十三条 【税控装置】国家根据税收征收管理的需要，积极推广使用税控装置。纳税人应当按照规定安装、使用税控装置，不得损毁或者擅自改动税控装置。

条文注释

所谓税控装置，是指由国家法定机关依法指定企业生产、安装、维修，由国家法定机关依法实施监管，具有税收监控功能和严格的物理、电子保护的计税装置，如电子收款机、电子记程表、税控加油机等。

纳税人应当按照规定安装、使用税控装置，不得损毁或者擅自改动税控装置。其基本要求是：

(1)推行使用税控装置是加强税收监控和发票管理，提高税收征收电算化管理水平，堵塞税收漏洞，保障国家税收，维护经济秩序的重要措施，是一项复杂的系统工程；税务机关要提高认识，加强领导，精心组织，积极推行。

（2）为了保障推行税控装置工作的顺利开展，确保税控装置的保密性能、产品质量和维修服务满足税收监控的需要，税控装置实行专管、专产、专营、专修制度。

（3）根据我国国情和经济发展现状及税收征收管理的需要，推广使用税控装置的工作可以选择已经具备安装使用条件的行业、纳税企业和有一定经营规模及固定经营场所的个体工商户先行安装使用。对尚不具备条件的单位，不得强制推行。

（4）税控装置购置费用由用户自行承担，其营销方式应本着尽量减少中间环节，降低成本，有利于减轻纳税人负担和专项控制、严格管理的原则确定。

（5）推广使用税控装置涉及面广，难度大；除税务机关应当加强监督管理外，其他有关部门应当予以积极支持和配合。

（6）纳税人应当按照规定安装、使用税控装置，并逐个如实输入销售或经营数据，不得损毁或者擅自改动税控装置。纳税人不按照规定安装、使用税控装置，或者损毁，或者擅自改动税控装置的，由税务机关依法予以查处。

关联法规

《税收征收管理法实施细则》第 28 条

第二十四条 【资料保管】从事生产、经营的纳税人、扣缴义务人必须按照国务院财政、税务主管部门规定的保管期限保管帐簿、记帐凭证、完税凭证及其他有关资料。

帐簿、记帐凭证、完税凭证及其他有关资料不得伪造、变造或者擅自损毁。

条文注释

这里所说的账簿,包括总分类账、明细分类账、日记账和其他辅助性账簿;记账凭证,包括收款凭证、付款凭证、转账凭证等。收款凭证是用于现金及银行存款收入业务的记账凭证;付款凭证是用于现金及银行存款付出的记账凭证;转账凭证是用于不涉及现金和银行存款收付业务的其他转账业务的记账凭证。完税凭证是指由税务机关统一印制的,税务人员向纳税人征收税款或纳税人向国库缴纳税款使用的专用凭证;它是纳税人依法履行纳税义务的书面凭证,也是税务机关检查纳税人是否按期足额缴纳税款的凭据。

关联法规

《税收征收管理法实施细则》第29条

第三节　纳税申报

第二十五条　【申报】纳税人必须依照法律、行政法规规定或者税务机关依照法律、行政法规的规定确定的申报期限、申报内容如实办理纳税申报,报送纳税申报表、财务会计报表以及税务机关根据实际需要要求纳税人报送的其他纳税资料。

扣缴义务人必须依照法律、行政法规规定或者税务机关依照法律、行政法规的规定确定的申报期限、申报内容如实报送代扣代缴、代收代缴税款报告表以及税务机关根据实际需要要求扣缴义务人报送的其他有关资料。

条文注释

申报期限,是指法律、行政法规规定或者税务机关依照法律、行政法规的规定确定纳税人、扣缴义务人向税务机关申报应纳或者应解缴税款的期限。

申报内容，是指法律、行政法规规定或者税务机关依照法律、行政法规的规定要求纳税人、扣缴义务人向税务机关报送的有关如实记录和反映其生产经营情况、纳税情况或者代扣代缴、代收代缴税款情况的书面报告、报表、资料及要求载明的事项。

纳税申报，是纳税人为了正确履行纳税义务，扣缴义务人履行代扣代缴、代收代缴税款义务，将已发生的纳税和扣缴税款事项向税务机关提出书面报告的一项税务管理制度，也是纳税人、扣缴义务人的一项法定义务。

关联法规

《税收征收管理法实施细则》第32～36条

第二十六条　【申报方式】纳税人、扣缴义务人可以直接到税务机关办理纳税申报或者报送代扣代缴、代收代缴税款报告表，也可以按照规定采取邮寄、数据电文或者其他方式办理上述申报、报送事项。

条文注释

纳税申报方式，是指纳税人、扣缴义务人向税务机关办理纳税申报或者报送代扣代缴、代收代缴税款报告表的方式。

纳税人、扣缴义务人可以采取直接申报、邮寄申报、电子申报或者其他申报方式办理纳税申报或者代扣代缴、代收代缴税款申报。具体办法主要有以下几种：

(1)在法定的纳税申报期内，由纳税人自行计算、自行填写缴款书并向银行缴纳税款，然后持纳税申报表、缴款书报查联和有关资料，向税务机关办理申报。

(2)在有条件的地方实行银行税务一体化管理：纳税人在银行开设税款预储账户，按期提前储入当期应纳税款，并在法定的申报纳税期内向税务机关报送纳税申报表和有关资料，由税务机关通知银行划款入库。

(3)在法定的申报纳税期内，纳税人持纳税申报表和有关资料以及应付税款等额支票，报送税务机关；税务机关集中报缴数字清单、支票，统一交由国库办理清算。

(4)对于未在银行开立账户的纳税人，可按现行办法在办理纳税申报时，以现金结算税款，提倡并逐步推行使用信用卡。

纳税人、扣缴义务人可以根据需要，经主管税务机关批准，选择适合自己的申报方式办理纳税申报或者报送代扣代缴、代收代缴税款报告表。税务机关应当加强同公安、财政、邮电、银行、工商、海关、技术监督等部门的合作，为纳税人、扣缴义务人办理纳税申报或者报送代扣代缴、代收代缴税款报告表，创造安全、快捷、便利的条件。

关联法规

《税收征收管理法实施细则》第30、31条

第二十七条 【延期申报】纳税人、扣缴义务人不能按期办理纳税申报或者报送代扣代缴、代收代缴税款报告表的，经税务机关核准，可以延期申报。

经核准延期办理前款规定的申报、报送事项的，应当在纳税期内按照上期实际缴纳的税额或者税务机关核定的税额预缴税款，并在核准的延期内办理税款结算。

条文注释

延期申报，是指纳税人、扣缴义务人基于法定原因，不能在法律、行政法规规定或者税务机关依照法律、行政法规的规定确定的申报期限内办理纳税申报或者向税务机关报送代扣代缴、代收代缴税款报告表的，经税务机关核准，允许延长一定的时间，在核准后的期限内办理申报的一项税务管理制度。

按照我国现行法律、行政法规的规定，纳税人、扣缴义务人可以获准延期申报的情况是：

(1)因不可抗力，不能按期办理纳税申报或者报送代扣代缴、代收代缴税款报告表的，可以延期办理。但是，应当在不可抗力情形消除后，立即向税务机关报告。税务机关应当查明事实，予以核准。所谓不可抗力是指人们无法预见、无法避免、无法克服的自然灾害，如水灾、火灾、风灾、地震等。

(2)因财务处理上的特殊原因，账务未处理完毕，不能计算应纳税额，按照规定的期限办理纳税申报或者报送代扣代缴、代收代缴税款报告表确有困难，需要延期的，应当在规定的期限内，向税务机关提出书面延期申请；经税务机关核准，在核准的期限内办理申报。

关联法规

《税收征收管理法实施细则》第 37 条

第三章　税款征收

第二十八条　【依法征税】税务机关依照法律、行政法规的规定征收税款,不得违反法律、行政法规的规定开征、停征、多征、少征、提前征收、延缓征收或者摊派税款。

农业税应纳税额按照法律、行政法规的规定核定。

条文注释

本条从正反两方面对税务机关依法征收税款作了规定。首先,从正面规定,要求税务机关依照法律、行政法规的规定征收税款。其主要含义包括:(1)税务机关进行征税的依据是法律、行政法规的规定;(2)税务机关必须依照法律、行政法规的具体要求进行征税。其次,为了突出强调税务机关必须依法征税,本条又从反面规定了税务机关不得违反法律、行政法规的规定开征、停征、多征、少征、提前征收或者延缓征收税款。开征、停征,是指对某个税种从什么时候开始征税,从什么时候停止征税。多征、少征,是指未按照税收法律、行政法规规定的税率、计税依据等进行征税而导致税款的多征或者少征。提前征收或者延缓征收是指未按照税收法律、行政法规规定的征税时间进行征收。

第二十九条　【税款征收权】除税务机关、税务人员以及经税务机关依照法律、行政法规委托的单位和人员外,任何单位和个人不得进行税款征收活动。

条文注释

为了维护税收秩序,规范税收征收主体,防止以征收税款为名侵害纳税人的利益,本条对征税主体问题作了专门规定。第一,税务机关、税务人员具有征税主体资格。国务院税务主管部门主管全国税收征收管理工作。各地国家税务局和地方税务局按照国务院规定的税收征收管理范围分别进行征收管理。第二,本条规定经税务机关依照法律、行政法规委托的单位和人员,具有征税主体资格。这一规定包含两方面内容:一是这些单位和人员必须经税务机关委托;二是税务机关的这种委托行为不是任意进行的,必须依照法律、行政法规的规定进行。第三,除上述规定的机关和人员外,任何单位和个人不得进行税款征收活动。为此,本法规定,未经税务机关依法委托征收税款的,责令退还收取的财物,依法给予行政处分或者行政处罚;致使他人合法权益受到损失的,依法承担赔偿责任;构成犯罪的,依法追究刑事责任。

关联法规

《税收征收管理法实施细则》第 38 ~40 条

第三十条 【扣缴义务人】扣缴义务人依照法律、行政法规的规定履行代扣、代收税款的义务。对法律、行政法规没有规定负有代扣、代收税款义务的单位和个人,税务机关不得要求其履行代扣、代收税款义务。

扣缴义务人依法履行代扣、代收税款义务时,纳税人不得拒绝。纳税人拒绝的,扣缴义务人应当及时报告税务机关处理。

税务机关按照规定付给扣缴义务人代扣、代收手续费。

条文注释

扣缴义务人是指依照法律、行政法规规定负有代扣代缴、代收代缴税款义务的单位和个人。代扣税款是指由扣缴义务人在向纳税人支付款项时从其所支付的款项中依法直接扣缴税款。这是为了简化纳税手续，为了对零星分散、不易控管的税源进行源头控制。代收税款是指由扣缴义务人在向纳税人收取款项时依法收缴税款。本条关于扣缴义务人代扣、代收税款，主要规定了以下三方面内容：第一，扣缴义务人依照法律、行政法规的规定履行代扣、代收税款义务。第二，扣缴义务人依法履行代扣、代收税款义务时，纳税人不得拒绝；纳税人拒绝的，扣缴义务人应当将纳税人拒绝的情况及时报告税务机关，由税务机关依法进行处理。这样规定，可以将扣缴义务人是否依法履行代扣、代收税款义务与纳税人是否服从代扣、代收税款区分开；有利于税务机关对不依法纳税的纳税人进行处理，以保证国家税收。第三，税务机关按照规定付给扣缴义务人代扣、代收手续费。扣缴义务人在履行代扣、代收税款的法定义务时，要付出一定的劳动，支出一定的费用。

关联法规

《税收征收管理法实施细则》第110条

第三十一条　【缴纳与解缴期限】纳税人、扣缴义务人按照法律、行政法规规定或者税务机关依照法律、行政法规的规定确定的期限，缴纳或者解缴税款。

纳税人因有特殊困难，不能按期缴纳税款的，经省、自治区、直辖市国家税务局、地方税务局批准，可以延期缴纳税款，但是最长不得超过三个月。

条文注释

本条第1款关于纳税人、扣缴义务人按照法定期限缴纳税款和解缴税款的规定,是针对一般情况而作的要求。本条第2款关于延期纳税是根据特殊情况作的规定。首先,本条第2款规定延期纳税的前提是纳税人因有特殊困难,如因自然灾害等不可抗力事件,不能按期缴纳税款。至于哪些情况属于特殊困难,本法未作具体规定。其次,不是一经纳税人申请就可以延期纳税,延期纳税必须经省、自治区、直辖市国家税务局、地方税务局批准。也就是说,纳税人申请延期缴纳的税款如果属于中央税收,需要向省一级国家税务局提出延期纳税申请;纳税人申请延期缴纳的税款如果属于地方税收,需要向省一级地方税务局提出延期纳税申请。最后,本条第2款规定延期纳税的期限最长不得超过三个月。目的是防止长时间地延期纳税,以此达到不交税的目的。

关联法规

《税收征收管理法实施细则》第41、42条

第三十二条 【滞纳税款】纳税人未按照规定期限缴纳税款的,扣缴义务人未按照规定期限解缴税款的,税务机关除责令限期缴纳外,从滞纳税款之日起,按日加收滞纳税款万分之五的滞纳金。

条文注释

加收滞纳金是对纳税人未按时缴纳税款和扣缴义务人未按时解缴税款所实施的一种经济上的补偿性与惩罚性相结合的措施,是世界各国普遍采取的做法。所谓补偿性,是指对任何迟延履行的金钱债务,都应当对债务人加收同期银行贷款利息,以补偿债权人在债务人迟延履行债务期间所受到的损失,体现公平原则。所谓惩罚性,是指滞纳金的比例要高于银行同期贷款利率。

关联法规

《税收征收管理法实施细则》第75条

第三十三条　【减免税】纳税人依照法律、行政法规的规定办理减税、免税。

地方各级人民政府、各级人民政府主管部门、单位和个人违反法律、行政法规规定，擅自作出的减税、免税决定无效，税务机关不得执行，并向上级税务机关报告。

条文注释

减税、免税是国家根据一定时期经济、社会等方面政策的需要，对特定行业、特定产品、特定纳税人所给予的减少征收或者免征应纳税款的鼓励性、照顾性措施，体现了国家税法的统一性与灵活性的结合。

本条在明确规定擅自作出的减税、免税决定无效的同时，又规定了税务机关的责任，即税务机关对违法的减税、免税决定不得执行，并向上级税务机关报告。同时，这也是税务机关的权力，即无论什么部门、单位或者人员，只要是违反法律、行政法规规定擅自作出的减免税决定，税务机关都有权依照本条的规定拒绝执行，并向上级税务机关报告。

关联法规

《税收征收管理法实施细则》第43条

第三十四条　【完税凭证】税务机关征收税款时，必须给纳税人开具完税凭证。扣缴义务人代扣、代收税款时，纳税人要求扣缴义务人开具代扣、代收税款凭证的，扣缴义务人应当开具。

条文注释

完税凭证是证明纳税人已缴纳税款的凭证。向纳税人开具完税凭证，对于正确贯彻执行税收法律、行政法规，保证国家税款的及时入库，维护纳税人的合法权益，都具有重要意义。完税凭证的种类主要包括：(1)各种完税证，如通用完税证、定额完税证、限额完税证。(2)缴款书：纳税人向税务机关申报后，由税务机关开具或纳税人自己填开，并由纳税人直接向国库经收处缴纳税款时使用的凭证。(3)印花税票，是纳税人缴纳印花税的一种固定面值的有价证券。(4)扣(收)税凭证，由扣缴义务人在代扣、代收税款时向纳税人开具。(5)其他完税证明。

本条对给纳税人开具完税凭证规定了两种情况。一是税务机关在征收税款时，必须给纳税人开具完税凭证。即给纳税人开具完税凭证是税务机关必须履行的职责。二是扣缴义务人代扣、代收税款时，纳税人要求扣缴义务人开具代扣、代收税款凭证的，扣缴义务人应当开具。即如果纳税人没有要求开具代扣、代收税款凭证，扣缴义务人就没有义务为其开具。这主要是因为扣缴义务人代扣、代收税款的情况比较复杂，有的税种代扣、代收对象相对集中，且数量比较多，而且一般来说代扣、代收税款的数额比较小。

关联法规

《税收征收管理法实施细则》第45、46条

第三十五条　【核定税额】纳税人有下列情形之一的，税务机关有权核定其应纳税额：

(一)依照法律、行政法规的规定可以不设置帐簿的；

(二)依照法律、行政法规的规定应当设置帐簿但未设

置的；

（三）擅自销毁帐簿或者拒不提供纳税资料的；

（四）虽设置帐簿，但帐目混乱或者成本资料、收入凭证、费用凭证残缺不全，难以查帐的；

（五）发生纳税义务，未按照规定的期限办理纳税申报，经税务机关责令限期申报，逾期仍不申报的；

（六）纳税人申报的计税依据明显偏低，又无正当理由的。

税务机关核定应纳税额的具体程序和方法由国务院税务主管部门规定。

条文注释

核定税额征收税款是在不能以纳税人的账簿为基础计算其应纳税额时，由税务机关核定其应纳税额的一种征税方法。这是我国税收征管工作中一直采用的一种方式，世界上许多国家对那些难以用账簿计征税款的纳税人也采取核定税额的方法。本条规定了六种税务机关有权核定纳税人应纳税额的情形。

擅自销毁账簿，就是没有按照国务院财政、税务主管部门规定的保管期限保管账簿。纳税人申报的计税依据偏低，又无正当理由的，其含义是纳税人申报的计税依据，与其相同或者类似的纳税人相比，明显偏低，但是该纳税人又不能作出合理解释的。这主要是针对有的纳税人采用各种方法减少应纳税额而作的规定。

此外，为了规范税务机关的行为，防止税务机关随意核定应纳税额，更加全面地保护纳税人的利益，本条明确规定了税务机关核定应纳税额的具体程序和方法由国务院税务主管部门规定。

关联法规

《税收征收管理法实施细则》第47条

第三十六条 【合理调整】企业或者外国企业在中国境内设立的从事生产、经营的机构、场所与其关联企业之间的业务往来,应当按照独立企业之间的业务往来收取或者支付价款、费用;不按照独立企业之间的业务往来收取或者支付价款、费用,而减少其应纳税的收入或者所得额的,税务机关有权进行合理调整。

条文注释

关联企业,是指有下列关系之一的公司、企业、其他经济组织:(1)在资金、经营、购销等方面,存在直接或者间接的拥有或者控制关系;(2)直接或者间接地同为第三者所拥有或者控制;(3)其他在利益上具有相关联的关系。由于关联企业存在特定关系,有的纳税人利用其关联企业采取不正当手段转移利润,以达到逃避纳税的目的,严重损害国家利益。为了加强征收管理,维护国家税收规范,防止利用关联企业逃避纳税,本条规定了以下两点内容:第一,关联企业之间的业务往来应当按照独立企业之间的业务往来收取或者支付价款或者费用;第二,对不按照独立企业之间的业务往来收取或者支付价款或者费用,而减少其应纳税的收入或者所得额的,税务机关有权进行合理调整。

关联法规

《税收征收管理法实施细则》第47条

第三十七条 【税务扣押】对未按照规定办理税务登记的从事生产、经营的纳税人以及临时从事经营的纳税人,由税务机关核定其应纳税额,责令缴纳;不缴纳的,税务机关可以扣押其价值相当于应纳税款的商品、货物。扣押后缴纳应纳税款的,税务机关必须立即解除扣押,并归还所扣押的商品、货物;扣押后仍不缴纳应纳税款的,经县以上税务局(分局)局长批准,依法拍卖或者变卖所扣押的商品、货物,以拍卖或者变卖所得抵缴税款。

条文注释

根据本法的规定,从事生产、经营的纳税人自领取营业执照之日起30日内,持有关证件向税务机关申报办理税务登记。本条关于未按照规定办理税务登记是指未按照上述规定进行税务登记。临时从事经营,主要是指小商贩的临时经营行为。

本条对未按照规定办理税务登记的从事生产、经营的纳税人和临时从事经营的纳税人征收税款,规定了由税务机关进行核定其应纳税额、扣押价值相当于应纳税额的商品和货物、依法拍卖或者变卖所扣押的商品和货物这三种征税措施,主要是为了保证国家税收。因为这些纳税人没有进行税务登记,具有隐蔽性、流动性,税务机关不易对其进行监管。因此,一旦发现这种情况,税务机关就要严格按照本条的规定执法。

关联法规

《税收征收管理法实施细则》第57、58条

第三十八条　【限期缴纳、纳税担保与税收保全】税务机关有根据认为从事生产、经营的纳税人有逃避纳税义务行为的，可以在规定的纳税期之前，责令限期缴纳应纳税款；在限期内发现纳税人有明显的转移、隐匿其应纳税的商品、货物以及其他财产或者应纳税的收入的迹象的，税务机关可以责成纳税人提供纳税担保。如果纳税人不能提供纳税担保，经县以上税务局（分局）局长批准，税务机关可以采取下列税收保全措施：

（一）书面通知纳税人开户银行或者其他金融机构冻结纳税人的金额相当于应纳税款的存款；

（二）扣押、查封纳税人的价值相当于应纳税款的商品、货物或者其他财产。

纳税人在前款规定的限期内缴纳税款的，税务机关必须立即解除税收保全措施；限期期满仍未缴纳税款的，经县以上税务局（分局）局长批准，税务机关可以书面通知纳税人开户银行或者其他金融机构从其冻结的存款中扣缴税款，或者依法拍卖或者变卖所扣押、查封的商品、货物或者其他财产，以拍卖或者变卖所得抵缴税款。

个人及其所扶养家属维持生活必需的住房和用品，不在税收保全措施的范围之内。

条文注释

本条关于税务机关采取有关措施的规定仅适用于从事生产、经营的纳税人。根据本法规定，从事生产、经营的纳税人是指企业，企业在外地设立的分支机构和从事生产、经营的场所，个体工商户和从事生产、经营的事业单位。

所谓“有根据认为”就是要求税务机关要有从事生产、经营的纳税人逃避纳税义务行为的线索、证据,不能主观推断。在这个前提下,本条规定税务机关可以采取的征税措施和程序是:(1)责令限期缴纳税款,即责令从事生产、经营的纳税人在法定纳税期前限期缴纳税款。根据本法规定,纳税人应当根据法律、行政法规规定或者税务机关根据法律、行政法规的规定确定的期限缴纳税款;本条的规定是赋予税务机关要求纳税人在法定期限前限期缴纳税款的权力,以防止其逃税。(2)责成纳税人提供纳税担保。在责令纳税人限期缴纳税款这段期间,如果发现纳税人有明显的转移、隐匿其应纳税的商品、货物以及其他财产或者应纳税收入的迹象的,税务机关可以责成纳税人提供纳税担保,以保证期满时税款的征收。纳税人提供纳税担保有两种形式:一是由纳税人提供担保人进行纳税担保。纳税担保人,是指经税务机关认可的在中国境内具有纳税担保能力的公民、法人或者其他经济组织。国家机关不得作为纳税担保人。二是纳税人以其所拥有的未设置担保的财产提供担保。(3)采取税收保全措施。如果纳税人不能提供纳税担保,经县以上税务局(分局)局长批准,税务机关可以采取税收保全措施。税收保全措施的具体内容是:第一,书面通知纳税人开户银行或者其他金融机构冻结纳税人的金额相当于应纳税款的存款;第二,扣押、查封纳税人的价值相当于应纳税款的商品、货物或者其他财产。(4)在实施了税收保全措施后,如果纳税人在税务机关规定的限期内缴纳了税款,税务机关必须立即解除税收保全措施。(5)强制征收。若在税务机关规定期限内仍未缴纳税款,税务机关可采取扣划、拍卖、变卖等强制征收措施。

关联法规

《税收征收管理法实施细则》第59~69、71~73条;《纳

税担保试行办法》

第三十九条　【税务赔偿】纳税人在限期内已缴纳税款，税务机关未立即解除税收保全措施，使纳税人的合法利益遭受损失的，税务机关应当承担赔偿责任。

条文注释

根据本法规定，税务机关采取税收保全措施后，纳税人在税务机关规定的限期内缴纳应纳税款的，税务机关必须立即解除税收保全措施。因为采取税收保全措施的目的是防止纳税人转移应纳税的财产或者应纳税的收入，以保证国家税款的征收。如果纳税人在限期内缴纳了税款，就失去了继续采取保全措施的前提和意义。如果纳税人在限期内缴纳税款，税务机关未立即解除税收保全措施，就会损害纳税人的合法权益。因此，本条规定，纳税人在限期内已缴纳税款，税务机关未立即解除税收保全措施，使纳税人的合法利益遭受损失的，税务机关应当承担赔偿责任。这体现了对纳税人利益的保护。

关联法规

《税收征收管理法实施细则》第70条

第四十条　【强制执行措施】从事生产、经营的纳税人、扣缴义务人未按照规定的期限缴纳或者解缴税款，纳税担保人未按照规定的期限缴纳所担保的税款，由税务机关责令限期缴纳，逾期仍未缴纳的，经县以上税务局（分局）局长批准，税务机关可以采取下列强制执行措施：

（一）书面通知其开户银行或者其他金融机构从其存款中扣缴税款；

（二）扣押、查封、依法拍卖或者变卖其价值相当于应纳税款的商品、货物或者其他财产，以拍卖或者变卖所得抵缴税款。

税务机关采取强制执行措施时，对前款所列纳税人、扣缴义务人、纳税担保人未缴纳的滞纳金同时强制执行。

个人及其所扶养家属维持生活必需的住房和用品，不在强制执行措施的范围之内。

条文注释

本条关于税务机关采取强制执行措施的规定，只适用于从事生产、经营的纳税人、扣缴义务人、纳税担保人。依照本法规定，从事生产、经营的纳税人是指企业，企业在外地设立的分支机构和从事生产、经营的场所，个体工商户和从事生产、经营的事业单位。扣缴义务人是指法律、行政法规规定负有代扣代缴、代收代缴税款义务的单位和个人。纳税担保人是指为纳税人缴纳税款提供担保的人。

为了保证个人及其所扶养家属的生活，本条第3款明确规定，个人及其所扶养家属维持生活必需的住房和用品，不在强制执行措施的范围之内。

本条关于税务机关采取强制执行措施的规定，只能适用于从事生产、经营的纳税人、扣缴义务人、纳税担保人，不适用于非生产、经营纳税人（从事生产、经营的纳税人以外的纳税人），即税务机关无权对非生产、经营纳税人采取强制执行措施。如果非生产、经营纳税人未依法缴纳税款，税务机关责令其限期缴纳而仍不缴纳，同时其对税务机关缴纳税款的决定又不依法提起行政诉讼，根据《行政诉讼法》的规定，税务机关可以申请人民法院强制执行。

关联法规

《税收征收管理法实施细则》第59、60、63~67、69、71、72条

第四十一条　【保全措施与强制执行措施权力的行使】 本法第三十七条、第三十八条、第四十条规定的采取税收保全措施、强制执行措施的权力，不得由法定的税务机关以外的单位和个人行使。

条文注释

本法第37、38、40条对临时从事经营的纳税人以及从事生产、经营的纳税人、扣缴义务人、纳税担保人未依法办理税务登记、未依法缴纳或者解缴税款的行为，规定税务机关有权采取税收保全措施和强制执行措施。采取税收保全措施和强制执行措施涉及从纳税人的存款中扣缴税款，或者扣押、查封、拍卖、变卖纳税人相当于应纳税款的财产，因此，直接关系到这些纳税人的切身利益。为了保护纳税人的合法权益，保证依法实施本法规定的税收保全措施和强制执行措施，本法在第37、38、40条规定的基础上，又单独规定一条，特别强调采取税收保全措施和强制执行措施的权力，只能由法定的税务机关行使，不得由法定的税务机关以外的单位和个人行使。法定的税务机关是指各级税务局、税务分局、税务所和按照国务院规定设立的并向社会公开的税务机构。

第四十二条　【措施的依法采取】 税务机关采取税收保全措施和强制执行措施必须依照法定权限和法定程序，不得查封、扣押纳税人个人及其所扶养家属维持生活必需的住房和用品。

条文注释

采取税收保全措施和强制执行措施，是保证国家税收的必要手段。同时，采取这些措施涉及从纳税人的存款中扣缴税款，或者扣押、查封、拍卖、变卖纳税人相当于应纳税款的财产，直接关系到纳税人的切身利益。因此，本法在规定税务机关有权采取税收保全措施和强制执行措施的同时，对采取这些措施规定了严格的条件和程序。

本条对税务机关采取税收保全措施和强制执行措施的要求是：第一，必须依照法定权限和程序进行。比如，本法规定了对纳税人采取税收保全措施和强制执行措施的条件，对符合这些条件的，必须经县以上税务局（分局）局长批准，才能采取这些措施。县以下税务机关无权作出采取税收保全措施和强制执行措施的决定。第二，在采取税收保全措施和强制执行措施时，不得查封、扣押纳税人个人及其所扶养家属维持生活必需的住房和用品。

关联法规

《税收征收管理法实施细则》第59、60条

第四十三条　【赔偿责任】税务机关滥用职权违法采取税收保全措施、强制执行措施，或者采取税收保全措施、强制执行措施不当，使纳税人、扣缴义务人或者纳税担保人的合法权益遭受损失的，应当依法承担赔偿责任。

条文注释

税务机关采取税收保全措施、强制执行措施，是一种具体行政行为。如果税务机关及其工作人员违法对纳税人采取了这些措施，使纳税人的合法利益受到损失，税务机关应当按照《国家赔偿法》的规定进行行政赔偿。为了更加明确

税务机关的赔偿责任,本条从规范税务机关依法行政的角度对此作了规定。

本条列举的税务机关在采取税收保全措施和强制执行措施中的违法行为如下:(1)滥用职权违法采取税收保全措施和强制执行措施。滥用职权是指超越法律规定的权限和程序而使用手中的职权。比如,税务机关违反本法关于对从事生产、经营的纳税人采取税收保全措施、强制执行措施,需要经县以上税务局(分局)局长批准的规定而擅自采取措施;或者有根据认为纳税人有逃避纳税义务行为的,未采取本法规定的责令限期缴纳应纳税款、责令提供纳税担保等措施而直接采取税收保全措施等。(2)采取税收保全措施、强制执行措施不当。比如,税务机关违反本法关于采取税收保全措施、强制执行措施时扣押、查封、依法拍卖或者变卖纳税人价值相当于应纳税款的商品、货物或者其他财产的规定,而将扣押、查封的范围扩大到纳税人的所有财产,以致财产价值大大超过应纳税款等。

关联法规

《税收征收管理法实施细则》第70条

第四十四条　【阻止出境】欠缴税款的纳税人或者他的法定代表人需要出境的,应当在出境前向税务机关结清应纳税款、滞纳金或者提供担保。未结清税款、滞纳金,又不提供担保的,税务机关可以通知出境管理机关阻止其出境。

条文注释

依照法律、行政法规的规定缴纳税款,是每个纳税人必须履行的义务。为了保证国家税收,防止纳税人采取出境的办法逃避纳税义务,本条作了离境清税的规定。第一,离境清税是欠缴税款的纳税人或者他的法定代表人出境前的法定义务。第二，对未结清税款又不能提供担保的纳税人或者其法定代表人，税务机关可以通知出境管理机关阻止其出境。即欠缴税款的纳税人或者其法定代表人不履行离境清税的义务，税务机关虽然无权阻止其出境，但是税务机关有权通知出境管理机关阻止其出境，出境管理机关应当依照本条的规定执行。

关联法规

《税收征收管理法实施细则》第74条

第四十五条　【税收优先】税务机关征收税款，税收优先于无担保债权，法律另有规定的除外；纳税人欠缴的税款发生在纳税人以其财产设定抵押、质押或者纳税人的财产被留置之前的，税收应当先于抵押权、质权、留置权执行。

纳税人欠缴税款，同时又被行政机关决定处以罚款、没收违法所得的，税收优先于罚款、没收违法所得。

税务机关应当对纳税人欠缴税款的情况定期予以公告。

条文注释

所谓税收优先权，是指税务机关征收税款与其他债权的实现发生冲突时，税款的征收原则上优先于其他债权的实现。

首先，除法律另有规定的以外，税收优先于无担保债权。所谓无担保债权，是指未设定担保的债权，即债权人没有要求债务人以其财产设定抵押、质押等担保方式，以保证该债权的实现。其次，国家税收与抵押权、质押权和留置权孰为优先，视何者发生在先而定。纳税人欠缴的税款发生在纳税人以其财产设定抵押、质押或者纳税人的财产被留置之前的,税收应当优先于抵押权、质权、留置权执行。最后,国家税款优先于罚款和没收违法所得。这是因为税收直接关系到国家的财政收入,关系到经济和社会的发展。

关联法规

《企业破产法》第113条

第四十六条 【欠税情况】纳税人有欠税情形而以其财产设定抵押、质押的,应当向抵押权人、质权人说明其欠税情况。抵押权人、质权人可以请求税务机关提供有关的欠税情况。

条文注释

从抵押权人、质权人角度来讲,作为抵押权人、质权人应当事先了解纳税人的资信情况,考虑风险问题以后,再作是否设置担保的决定;这是对抵押权人、质权人本身最基本的要求。抵押权人、质权人不能强调不了解纳税人欠税情况的客观理由,来规避甚至不承担风险。了解纳税人的信用情况,既可以采取自身调查的办法,也可以要求纳税人提供有关情况,还可以请求税务机关提供有关纳税人的欠税情况。因此与纳税人应当说明其欠税情况的义务相对应,作为抵押权人、质权人的一项法定权利,抵押权人、质权人可以请求税务机关提供有关纳税人的欠税情况。税务机关作为政府的职能部门,为维护交易安全,保护抵押权人、质权人的合法权益,规范经济秩序、税收秩序,创造公平有序的社会经济环境,有义务通过一定的方式对纳税人欠缴税款的情况定期予以公告,也可以应抵押权人、质权人的请求提供纳税人有关欠税的情况。

关联法规

《欠税公告办法(试行)》

第四十七条　【扣押收据与查封清单】税务机关扣押商品、货物或者其他财产时,必须开付收据;查封商品、货物或者其他财产时,必须开付清单。

条文注释

本条规定了两项制度:一是税务机关扣押商品、货物或者其他财产时,必须开付扣押收据的制度;二是税务机关查封商品、货物或者其他财产时,必须开付查封清单的制度。所谓扣押收据和查封清单,就是税务机关在行使扣押权或查封权时,向当事人开具的证明扣押或查封了商品、货物或者其他财产的两种凭证。如果税务机关在执行扣押、查封措施中,不给当事人开具扣押收据和查封清单,不仅会使当事人无法判别真伪,很容易给违法犯罪分子钻空子的机会;而且也容易因事过境迁,无凭无据,引起不必要的纠纷。对于违反法律这一规定的,当事人有权拒绝扣押或查封商品、货物或其他财产。

第四十八条　【纳税人的合并与分立】纳税人有合并、分立情形的,应当向税务机关报告,并依法缴清税款。纳税人合并时未缴清税款的,应当由合并后的纳税人继续履行未履行的纳税义务;纳税人分立时未缴清税款的,分立后的纳税人对未履行的纳税义务应当承担连带责任。

条文注释

按照本条规定,纳税人有合并、分立情形的,应当向税务机关报告,并依法缴清税款。也就是说,当纳税人出现合并、分立情形时，必须马上向税务机关报告，并依法缴清税款，这是纳税人应尽的一项法律义务。如果纳税人没有向税务机关报告，也不依法缴清税款，那么就构成了违法行为，依法要承担相应的法律责任。鉴于实践中这种违法现象带有一定的普遍性，因此，一方面，税务机关有必要加强对纳税人的管理，随时掌握动态；另一方面，有关部门也应给予必要的配合协助。

本条同时规定，纳税人合并时未缴清税款的，应当由合并后的纳税人继续履行未履行的纳税义务；纳税人分立时未缴清税款的，分立后的纳税人对未履行的纳税义务应当承担连带责任。这样规定也是符合承担债务责任的一般原则的。根据《民法典》的有关规定，企业法人分立、合并，它的权利和义务由变更后的法人享有和承担；负有连带义务的每个债务人，都负有清偿全部债务的义务；履行了义务的人，有权要求其他负有连带义务的人偿付其应当承担的份额。

第四十九条 【财产处分报告】欠缴税款数额较大的纳税人在处分其不动产或者大额资产之前，应当向税务机关报告。

条文注释

按照本条的规定，欠缴税款数额较大的纳税人在处分其不动产或者大额资产之前，应当向税务机关报告。这条规定给欠缴税款数额较大的纳税人增加了一项法律义务，即在他们处分其不动产或者大额资产之前，应当向税务机关报告；如果他们没有履行报告义务，就构成一种违法行为。实际上报告本身并不是目的。采取这种措施的真正用意，一方面是让税务机关及时掌握纳税人的动态，便于控制欠税情况，防止税款流失;另一方面也是督促纳税人自觉清缴欠税,而不能置欠缴国家大量税款于不顾,随意处分财产。本条只是作了原则性规定,对欠缴税款数额较大纳税人的标准及处分大额资产的数量等都未作具体规定,可由税务机关根据不同欠税人的实际情况分别提出要求,在实施办法中作出进一步规定。

关联法规

《税收征收管理法实施细则》第77条

第五十条 【代位权与撤销权】欠缴税款的纳税人因怠于行使到期债权,或者放弃到期债权,或者无偿转让财产,或者以明显不合理的低价转让财产而受让人知道该情形,对国家税收造成损害的,税务机关可以依照合同法第七十三条、第七十四条的规定行使代位权、撤销权。

税务机关依照前款规定行使代位权、撤销权的,不免除欠缴税款的纳税人尚未履行的纳税义务和应承担的法律责任。

条文注释

代位权、撤销权本是合同保全制度中的两种手段,是指在特殊条件下,合同也可以对合同以外的第三人发生效力。其中代位权是指在债务人怠于行使其债权,危及债权实现时,债权人得代债务人行使其权利,即代替债务人对其债务人即第三人提起诉讼、请求第三人给付的权利;撤销权是指在债务人作出无偿处分财产或以明显低价处分财产给第三人而有害债权人的行为时,债权人有请求人民法院予以撤销的权利。将民事法律中行之有效的合同保全制度引进到《税收征收管理法》中,赋予税务机关代位权、撤销权,既能有效保障国家的税收收入,又有助于防止和制止欠缴税款的各种不法行为;不仅对于维护国家利益和社会公共利益具有重要意义,而且标志着我国立法的进步和完善。

第五十一条 【税款退还】纳税人超过应纳税额缴纳的税款,税务机关发现后应当立即退还;纳税人自结算缴纳税款之日起三年内发现的,可以向税务机关要求退还多缴的税款并加算银行同期存款利息,税务机关及时查实后应当立即退还;涉及从国库中退库的,依照法律、行政法规有关国库管理的规定退还。

条文注释

税务机关征收税款、纳税人缴纳税款是一项政策性强、技术难度高的经常性工作。在征纳税款的过程中,由于理解税法错误、计算错误、错用税率、调高税额或财务技术处理失当等各种原因,都有可能出现多征多缴税款的情况。那么,对这部分多征多缴的税款应当如何处理呢?本条为解决这一问题提供了两种途径:一种是由税务机关发现的多征税款,这种情况只要是税务机关本身发现的,就必须主动通知纳税人并立即办理退还手续,将纳税人超过应纳税额缴纳的税款马上退还。另一种是由纳税人自己发现的多缴税款,对这种情况,纳税人自结算缴纳税款之日起三年内,可以向税务机关提出退还的申请,要求税务机关退还多缴的税款并加算银行同期存款利息;税务机关经查实后认定确实是纳税人多缴了,就应当立即办理退还手续,将纳税人超过应纳税额缴纳的税款及加算的银行同期存款利息一并马上退还。

关联法规

《税收征收管理法实施细则》第78、79条

第五十二条 【税款的未缴或者少缴】因税务机关的责任，致使纳税人、扣缴义务人未缴或者少缴税款的，税务机关在三年内可以要求纳税人、扣缴义务人补缴税款，但是不得加收滞纳金。

因纳税人、扣缴义务人计算错误等失误，未缴或者少缴税款的，税务机关在三年内可以追征税款、滞纳金；有特殊情况的，追征期可以延长到五年。

对偷税、抗税、骗税的，税务机关追征其未缴或者少缴的税款、滞纳金或者所骗取的税款，不受前款规定期限的限制。

条文注释

税收征收的原则应该是将纳税人的应纳税款及时、足额地征缴入库，这是对税收征收在时间上和数量上的要求。所谓及时，是指纳税人要按规定的期限缴纳税款；所谓足额，是指必须依率计征、应收尽收，保证应收税款收齐。实际工作中，由于征纳双方的疏忽、计算错误等原因造成的纳税人、扣缴义务人未缴或者少缴税款，依法未征少征要补，未缴少缴要追。对于本条规定有两点需要注意：首先，因税务机关的责任需要追征、补缴的，不得加收滞纳金；因纳税人、扣缴义务人计算错误等失误导致需要追征、补缴的，需要追征滞纳金。并且前者期限只为三年，而后一种情况在特定条件下可以延长到五年。其次，对偷税、抗税、骗税的，税务机关追征其未缴或者少缴的税款或滞纳金或者所骗取的税款不受本条第1、2款期限限制。

关联法规

《税收征收管理法实施细则》第80～83条

第五十三条　【税款的入库】国家税务局和地方税务局应当按照国家规定的税收征收管理范围和税款入库预算级次,将征收的税款缴入国库。

对审计机关、财政机关依法查出的税收违法行为,税务机关应当根据有关机关的决定、意见书,依法将应收的税款、滞纳金按照税款入库预算级次缴入国库,并将结果及时回复有关机关。

条文注释

按照本条第1款的规定,国家税务局和地方税务局应当按照国家规定的税收征收管理范围和税款入库预算级次,将征收的税款缴入国库。由于我国实行分税制,因此国家赋予了各级税务机关为完成其本身职责任务所需的相应管理权限和范围。各地国家税务局和地方税务局都有明确的职责分工,都应当按照国务院规定的税收征收管理范围分别进行征收管理。只有依法办事,国家税收政策的贯彻执行、税收征收管理的实现和税款的征解入库等任务才能顺利完成。所以国家税务局和地方税务局必须正确行使好各自的税收征收管理权限,按照国家规定的税收征收管理范围将征收的税款缴入国库。

按照本条第2款的规定,对审计机关、财政机关依法查出的税收违法行为,税务机关应当根据有关机关的决定、意见书,依法将应收的税款、滞纳金按照税款入库预算级次缴入国库,并将结果及时回复有关机关。鉴于实践中存在一些非征税机关擅自征税和处理税收违法案件的现象,这些非征税机关扰乱了税收工作秩序,造成国家税款的流失,也使税务机关的独立执法主体地位和执法权限受到影响和冲击,为此本条第2款明确规定，对审计机关、财政机关依法查出的税收违法行为，由税务机关根据有关机关的决定、意见书具体负责处理，依法将应收的税款、滞纳金按照税款入库预算级次缴入国库，并由税务机关将处理结果及时回复有关机关。

关联法规

《税收征收管理法实施细则》第39、84条；《纳税评估管理办法(试行)》

第四章　税务检查

第五十四条　【税务检查的范围】税务机关有权进行下列税务检查：

(一)检查纳税人的帐簿、记帐凭证、报表和有关资料，检查扣缴义务人代扣代缴、代收代缴税款帐簿、记帐凭证和有关资料；

(二)到纳税人的生产、经营场所和货物存放地检查纳税人应纳税的商品、货物或者其他财产，检查扣缴义务人与代扣代缴、代收代缴税款有关的经营情况；

(三)责成纳税人、扣缴义务人提供与纳税或者代扣代缴、代收代缴税款有关的文件、证明材料和有关资料；

(四)询问纳税人、扣缴义务人与纳税或者代扣代缴、代收代缴税款有关的问题和情况；

(五)到车站、码头、机场、邮政企业及其分支机构检查纳税人托运、邮寄应纳税商品、货物或者其他财产的有关单据、凭证和有关资料；

（六）经县以上税务局（分局）局长批准，凭全国统一格式的检查存款帐户许可证明，查询从事生产、经营的纳税人、扣缴义务人在银行或者其他金融机构的存款帐户。税务机关在调查税收违法案件时，经设区的市、自治州以上税务局（分局）局长批准，可以查询案件涉嫌人员的储蓄存款。税务机关查询所获得的资料，不得用于税收以外的用途。

条文注释

税务检查是税务机关依据法律、行政法规的规定对纳税人、扣缴义务人等缴纳或代扣、代收税款及其他有关税务事项进行的审查、稽核、管理监督活动。税务检查是税务征收管理的一个主要环节。税务检查的主体是国家税务机关，其对象是负有纳税义务的纳税人和负有代扣代缴、代收代缴义务的扣缴义务人。税务检查是一种行政执法检查活动，是税务机关依法对相对人即纳税人、扣缴义务人是否正确履行纳税义务、扣缴税款义务的事实作单方面强制了解的行政执法行为。它涉及面广，情况复杂，直接影响相对人的权利和利益；因此，需要有直接的法律依据。本条的规定就是税务机关对纳税人、扣缴义务人进行税务检查的直接法律依据，它以法律的形式赋予税务机关对纳税人、扣缴义务人进行检查的权力。

税务检查不仅是一项严肃性、专业性的工作，而且是一项经常性的工作，是国家赋予税务机关的法定职责。税务检查，在税务征收管理工作中处于一个非常重要的环节，是一项不可或缺的管理工作。搞好税务检查，有利于严肃税收法纪，加强税收征收管理，堵塞税收征管的漏洞；促进纳税人、扣缴义务人增强纳税意识，提高经营管理水平。具体来说，有以下几项重要作用:(1)税务检查有助于国家宏观调控政策的实现,有助于促进国民经济健康、持续、快速发展;(2)税务检查是检验纳税人、扣缴义务人主动、自觉、如实、及时纳税的重要手段;(3)税务检查可以及时发现和揭露企业在经营管理上存在的问题,帮助企业改善经营管理,加强经济核算,提高经济效益;(4)税务检查是检验、考核、总结税收工作的基本方法,是对整个征纳程序及效果进行最后检验的一种必要手段。

关联法规

《税收征收管理法实施细则》第86、87条

第五十五条　【税务检查中的税收保全措施和强制执行措施】税务机关对从事生产、经营的纳税人以前纳税期的纳税情况依法进行税务检查时,发现纳税人有逃避纳税义务行为,并有明显的转移、隐匿其应纳税的商品、货物以及其他财产或者应纳税的收入的迹象的,可以按照本法规定的批准权限采取税收保全措施或者强制执行措施。

条文注释

实践中,税务机关很难做到监控纳税人尚未超过纳税期的行为,而往往是在检查纳税人前1~3年的纳税情况时发现问题的。在这种情况下,同样赋予税务机关采取税收保全措施或者强制执行措施的权力,对于查处税收违法行为,追缴偷漏税款,具有重要意义。根据本条规定,税务机关对从事生产、经营的纳税人以前纳税期的纳税情况依法进行税务检查时可以采取税收保全措施:书面通知其开户银行或者其他金融机构冻结其金额相当于应纳税款的存款;扣押、查封其价值相当于应纳税款的商品、货物或者其他财产。此外,

可以采取强制执行措施，即书面通知其开户行或者其他金融机构从其存款中扣缴税款；扣押、查封、依法拍卖或者变卖其价值相当于应纳税款的商品、货物或者其他财产，以拍卖或变卖所得抵缴税款。同时，本法也规定，对于个人及其所扶养家属维持生活所必需的住房和用品不得保全和强制执行。

关联法规

《税收征收管理法实施细则》第 88 条

第五十六条　【接受税务检查】纳税人、扣缴义务人必须接受税务机关依法进行的税务检查，如实反映情况，提供有关资料，不得拒绝、隐瞒。

条文注释

按照本条的规定，纳税人、扣缴义务人在税务机关实施税务检查过程中应履行的义务主要有两方面：一是纳税人、扣缴义务人必须接受税务机关依法进行的税务检查。这里所讲的“依法”，是指税务机关应当根据法律、行政法规的规定，依照法定的职权和法定的程序来进行税务检查。换句话说，纳税人、扣缴义务人对违反法律、行政法规规定的或不符合法律、行政法规规定范围和程序的税务检查，都有权拒绝接受。二是纳税人、扣缴义务人必须如实反映情况，提供有关资料，不得拒绝、隐瞒，这是对纳税人、扣缴义务人在接受税务机关依法进行的税务检查过程中的要求。税务检查的主要对象是纳税人、扣缴义务人的生产、经营情况，通常这些情况是通过账簿、资料及其他实物形态等反映出来的，因此纳税人、扣缴义务人在接受税务机关的检查时，向税务机关提供的情况和资料是否真实、准确，直接影响到税务检查的结果，影响到国家的税收收入及纳税人、扣缴义务人自身的利益。只有如实反映情况,提供有关资料,才能保证税务检查这种行政执法活动有效进行;任何拒绝税务检查和隐瞒情况及资料的行为,都是违反税务管理的违法行为,对这种行为税务机关可以依法给予一定的处罚。

第五十七条　【税务调查】税务机关依法进行税务检查时,有权向有关单位和个人调查纳税人、扣缴义务人和其他当事人与纳税或者代扣代缴、代收代缴税款有关的情况,有关单位和个人有义务向税务机关如实提供有关资料及证明材料。

条文注释

为了维护国家税收权益,堵塞税收漏洞,制止偷漏抗税行为,必须加强税收检查,大力开展协税护税。为此本条规定了两层意思:一是赋予税务机关一项权力,即有权向有关单位和个人调查纳税人、扣缴义务人和其他当事人与纳税或者代扣代缴、代收代缴税款有关的情况;二是为有关单位和个人设定了一项义务,即与税务机关依法进行税务检查有密切联系的单位和个人,如工商行政管理、计划、物价、邮电、交通部门和金融机构,以及与被检查人有来往的第三方当事人,应当支持、协助税务机关开展工作,有义务向税务机关如实反映被检查人的情况,提供有关资料及证明材料。

第五十八条　【情况和资料处置】税务机关调查税务违法案件时,对与案件有关的情况和资料,可以记录、录音、录像、照相和复制。

条文注释

税务机关调查税务违法案件是综合性、技术性、政策性和法律性极强的执法活动,它往往需要采取多种调查取证手段来综合进行。所谓调查取证手段,即税务机关和税务人员调查税务违法案件时,对与案件有关的情况和资料所运用的技术方法。调查税务违法案件最为基本的手段是查账,所以查账就成为调查税务违法案件最基本的方法。鉴于税务案件日趋增多、日渐复杂的客观现实,在调查税务违法案件时,对与案件有关的情况和资料,仅靠传统的手工记录等简单取证手段,已日益与调查税务违法案件的时间性、可靠性不相适应。同时,科学技术的发展,也为采取更为先进的取证手段提供了可能。因此本条规定,税务机关调查税务违法案件时,对与案件有关的情况和资料,可以采用记录、录音、录像、照相和复制等现代技术手段来进行,这是对税务机关调查税务违法案件取证手段的规定。

第五十九条　【出示证件与通知书】税务机关派出的人员进行税务检查时,应当出示税务检查证和税务检查通知书,并有责任为被检查人保守秘密;未出示税务检查证和税务检查通知书的,被检查人有权拒绝检查。

条文注释

税务检查是一项政策性强、专业性高的税收管理工作,是目的性极强的执法活动。为了正确贯彻执行税收法律,加强税收征收管理,保障税收收入,保护纳税人和扣缴义务人的合法权益,规范税务检查行为,税务检查必须严格遵守法律规定,按照法定的程序进行。

本条规定包括三层含义:一是明确了税务机关派出的人员进行税务检查时必须向被检查人出示税务检查证和税务检查通知书;二是规定了税务机关派出的人员有为被检查人

保守秘密的责任；三是赋予了被检查人对于未出示税务检查证和税务检查通知书的检查拒绝的权利。

关联法规

《税收征收管理法实施细则》第89条；《税务检查证管理办法》

第五章　法律责任

第六十条　【纳税人的一般法律责任】纳税人有下列行为之一的，由税务机关责令限期改正，可以处二千元以下的罚款；情节严重的，处二千元以上一万元以下的罚款：

（一）未按照规定的期限申报办理税务登记、变更或者注销登记的；

（二）未按照规定设置、保管帐簿或者保管记帐凭证和有关资料的；

（三）未按照规定将财务、会计制度或者财务、会计处理办法和会计核算软件报送税务机关备查的；

（四）未按照规定将其全部银行帐号向税务机关报告的；

（五）未按照规定安装、使用税控装置，或者损毁或者擅自改动税控装置的。

纳税人不办理税务登记的，由税务机关责令限期改正；逾期不改正的，经税务机关提请，由工商行政管理机关吊销其营业执照。

纳税人未按照规定使用税务登记证件，或者转借、涂改、损毁、买卖、伪造税务登记证件的，处二千元以上一万元以下的罚款；情节严重的，处一万元以上五万元以下的罚款。

条文注释

对纳税人违反税务登记、账簿、凭证管理行为的处罚应注意以下几个方面：

(1)纳税人未按照规定的期限申报办理税务登记、变更或者注销登记的，未按照规定设置、保管账簿或者保管记账凭证和有关资料的，未按照规定将财务、会计制度或者财务、会计处理办法和会计核算软件报送税务机关备查的，未按照规定将其全部银行账号向税务机关报告的，未按照规定安装、使用税控装置，或者损毁、擅自改动税控装置的，由税务机关责令限期改正。同时税务机关可以对违法行为人处二千元以下的罚款；情节严重的，处二千元以上一万元以下的罚款。

(2)纳税人不办理税务登记的，由税务机关责令限期改正，即要求不办理税务登记的纳税人在税务机关限定的期限内办理税务登记。纳税人逾期不改正的，经税务机关提请，由工商行政管理机关吊销其营业执照，取消其从事生产、经营活动的资格。

(3)纳税人未按照规定使用税务登记证件，或者转借、涂改、损毁、买卖、伪造税务登记证件的，处二千元以上一万元以下的罚款；情节严重的，处一万元以上五万元以下的罚款。此外，纳税人转借、涂改、损毁、买卖、伪造税务登记证件，构成犯罪的，还可以根据《刑法》的规定追究其刑事责任。根据《刑法》第280条的规定，伪造、变造、买卖税务登记证件的，构成伪造、变造、买卖国家机关公文、证件、印章罪。对犯本罪的,处三年以下有期徒刑、拘役、管制或者剥夺政治权利,并处罚金;情节严重的,处三年以上十年以下有期徒刑,并处罚金。

关联法规

《税收征收管理法实施细则》第90条;《税务登记管理办法》第42~44条

第六十一条 【扣缴义务人的法律责任】扣缴义务人未按照规定设置、保管代扣代缴、代收代缴税款帐簿或者保管代扣代缴、代收代缴税款记帐凭证及有关资料的,由税务机关责令限期改正,可以处二千元以下的罚款;情节严重的,处二千元以上五千元以下的罚款。

条文注释

根据本条规定,扣缴义务人违反账簿、凭证管理规定的行为主要包括两种:一是未按照规定设置代扣代缴、代收代缴税款账簿,即未按照规定的期限、账簿种类和要求设置有关账簿的行为。二是未按照规定保管代扣代缴、代收代缴税款账簿、记账凭证及有关资料,即未按照规定的期限和要求保管账簿、记账凭证及有关资料。这里所说的有关资料主要包括会计报表、完税凭证及其他与代扣代缴、代收代缴税款有关的资料。扣缴义务人有上述违反账簿、凭证管理规定行为的,由税务机关责令限期改正;扣缴义务人应当根据税务机关的责令限期改正决定,在限定的时间内,设置代扣代缴、代收代缴税款账簿,按照要求保管代扣代缴、代收代缴税款账簿、记账凭证及有关资料。同时税务机关可以对违法行为人处二千元以下的罚款;情节严重的,处二千元以上五千元以下的罚款。

第六十二条　【迟延办理纳税申报和迟延报送纳税资料】纳税人未按照规定的期限办理纳税申报和报送纳税资料的，或者扣缴义务人未按照规定的期限向税务机关报送代扣代缴、代收代缴税款报告表和有关资料的，由税务机关责令限期改正，可以处二千元以下的罚款；情节严重的，可以处二千元以上一万元以下的罚款。

条文注释

纳税人未按照规定的期限办理纳税申报和报送纳税资料的，或者扣缴义务人未按照规定的期限向税务机关报送代扣代缴、代收代缴税款报告表和有关资料的，由税务机关责令限期改正；纳税人、扣缴义务人应当按照税务机关的要求，在限定的时间内办理纳税申报，报送扣缴税款报告表和有关资料。同时税务机关可以对违法行为人处二千元以下的罚款；情节严重的，可以处二千元以上一万元以下的罚款。这里需要说明的是，按照本条规定予以处罚的行为是纳税人、扣缴义务人未按照规定期限办理纳税申报、报送有关资料的行为，这种行为的违法行为人虽然未在规定期限内办理纳税申报，但是并未造成不缴或者少缴税款的后果。如果纳税人不进行纳税申报，不缴或者少缴应纳税款，应当按照本法第64条第2款的规定进行处罚。如果经税务机关责令限期改正，纳税人、扣缴义务人逾期仍拒不申报，或者进行虚假纳税申报，不缴或者少缴应纳税款，属于偷税行为，应当按照本法第63条的规定进行处罚。

第六十三条　【偷税】纳税人伪造、变造、隐匿、擅自销毁帐簿、记帐凭证，或者在帐簿上多列支出或者不列、少列收入，或者经税务机关通知申报而拒不申报或者进行虚假的纳税申报，不缴或者少缴应纳税款的，是偷税。对纳税人偷税的，由税务机关追缴其不缴或者少缴的税款、滞纳金，并处不缴或者少缴的税款百分之五十以上五倍以下的罚款；构成犯罪的，依法追究刑事责任。

扣缴义务人采取前款所列手段，不缴或者少缴已扣、已收税款，由税务机关追缴其不缴或者少缴的税款、滞纳金，并处不缴或者少缴的税款百分之五十以上五倍以下的罚款；构成犯罪的，依法追究刑事责任。

条文注释

《刑法》第201条规定，纳税人采取欺骗、隐瞒手段进行虚假纳税申报或者不申报，逃避缴纳税款数额较大并且占应纳税额百分之十以上的，处三年以下有期徒刑或者拘役，并处罚金；数额巨大并且占应纳税额百分之三十以上的，处三年以上七年以下有期徒刑，并处罚金。扣缴义务人采取前款所列手段，不缴或者少缴已扣、已收税款，数额较大的，依照前款的规定处罚。对多次实施前两款行为，未经处理的，按照累计数额计算。有上述行为，经税务机关依法下达追缴通知后，补缴应纳税款，缴纳滞纳金，已受行政处罚的，不予追究刑事责任。但是，五年内因逃避缴纳税款受过刑事处罚或者被税务机关给予二次以上行政处罚的除外。单位犯本罪的，对单位判处罚金，并对其直接负责的主管人员和其他直接责任人员，依照上述规定处罚。

关联法规

《刑法》第201条;《最高人民法院、最高人民检察院关于办理危害税收征管刑事案件适用法律若干问题的解释》第1~4条

第六十四条 【编造虚假计税依据与不进行纳税申报等】纳税人、扣缴义务人编造虚假计税依据的,由税务机关责令限期改正,并处五万元以下的罚款。

纳税人不进行纳税申报,不缴或者少缴应纳税款的,由税务机关追缴其不缴或者少缴的税款、滞纳金,并处不缴或者少缴的税款百分之五十以上五倍以下的罚款。

条文注释

计税依据又称计税基础,是课税对象的数量或数额标准,是计算应征税款的直接依据。计税依据一般根据其课税对象的物理形态或者价值计算,分别适用从量定额的计税方法和从价定率的计算方法。纳税人、扣缴义务人编造虚假的计税依据应承担法律责任。

纳税人不进行纳税申报,不缴或少缴应纳税款,是指纳税人在规定的申报期限内未进行纳税申报,超过税款缴纳期限,不缴或者少缴纳税款的行为;依照本条第2款的规定,应该纠正并追缴,同时处以罚款的处罚。

第六十五条 【欠税且转移或隐匿财产的责任】纳税人欠缴应纳税款,采取转移或者隐匿财产的手段,妨碍税务机关追缴欠缴的税款的,由税务机关追缴欠缴的税款、滞纳金,并处欠缴税款百分之五十以上五倍以下的罚款;构成犯罪的,依法追究刑事责任。

条文注释

纳税人欠缴应纳税款，采取转移或者隐匿财产的手段，妨碍税务机关追缴欠缴的税款的，首先由税务机关追缴欠缴的税款、滞纳金，以纠正违法行为人的违法行为，保证国家税收不受损失。同时，应当由税务机关对其处以不缴或者少缴的税款百分之五十以上五倍以下的罚款。其中规定“百分之五十”为罚款下限，这样规定的目的是保持对违法行为人的威慑力。同时，也可以解决税务机关自由裁量权过大，实践中对这类行为处罚过低等问题。

构成逃避追缴欠税罪应当具备以下几个要件：一是犯逃避追缴欠税罪必须存在纳税人欠缴税款的前提；二是逃避追缴欠税罪必须是故意犯罪，即行为人具有对抗税务机关的追缴，逃避国家税收的故意；三是行为人在欠税的情况下，实施了转移或者隐匿财产的行为；四是行为人实施的转移或者隐匿财产的行为，造成了税务机关无法追缴纳税人欠缴的税款的后果，并且其数额达到了法定的数额。对犯逃避追缴欠税罪的行为人，其欠缴税款的数额在一万元以上不满十万元的，处三年以下有期徒刑或者拘役，并处或者单处欠缴税款一倍以上五倍以下罚金；数额在十万元以上的，处三年以上七年以下有期徒刑，并处欠缴税款一倍以上五倍以下罚金。单位犯本罪的，对单位判处罚金，并对其直接负责的主管人员和其他直接责任人员，依照上述规定处罚。

关联法规

《刑法》第203条

第六十六条　【骗取出口退税款】以假报出口或者其他欺骗手段，骗取国家出口退税款的，由税务机关追缴其骗取的退税款，并处骗取税款一倍以上五倍以下的罚款；构成犯罪的，依法追究刑事责任。

对骗取国家出口退税款的，税务机关可以在规定期间内停止为其办理出口退税。

条文注释

(1)依法追究骗取出口退税行为人的行政责任。以假报出口或者其他欺骗手段，骗取国家出口退税款的，首先由税务机关追缴违法行为人骗取的退税款，以纠正其违法行为，挽回国家损失。同时，由税务机关对其处骗取税款一倍以上五倍以下的罚款。骗取出口退税行为与偷税、逃避追缴欠税的违法行为相比，主观性质更为恶劣，社会危害性更大，因此，本条将其中的罚款下限，规定为所骗取的税款"一倍以上"。

(2)依法追究骗取出口退税行为人的刑事责任。《刑法》第204条第1款规定，以假报出口或者其他欺骗手段，骗取国家出口退税款，数额较大的，构成骗取出口退税罪。对犯本罪数额较大的，处五年以下有期徒刑或者拘役，并处骗取税款一倍以上五倍以下罚金；数额巨大或者有其他严重情节的，处五年以上十年以下有期徒刑，并处骗取税款一倍以上五倍以下罚金；数额特别巨大或者有其他特别严重情节的，处十年以上有期徒刑或者无期徒刑，并处骗取税款一倍以上五倍以下罚金或者没收财产。单位犯本罪的，对单位判处罚金，并对其直接负责的主管人员和其他直接责任人员，依照上述规定处罚。《刑法》第204条第2款规定，纳税人缴纳税款后，采取欺骗方法，骗取所缴纳的税款的，依照《刑法》

第201条关于逃税罪的规定定罪处罚。骗取税款超过所缴纳的税款部分,依照骗取出口退税罪的规定处罚。

关联法规

《刑法》第204条

第六十七条 【抗税】以暴力、威胁方法拒不缴纳税款的,是抗税,除由税务机关追缴其拒缴的税款、滞纳金外,依法追究刑事责任。情节轻微,未构成犯罪的,由税务机关追缴其拒缴的税款、滞纳金,并处拒缴税款一倍以上五倍以下的罚款。

条文注释

所谓抗税,是指负有纳税义务的人以暴力、威胁方法,拒不缴纳税款的行为。这里所说的暴力方法,通常表现为冲击、打砸税务机关,破坏税务机关执行职务的工具,对执行职务的税务人员殴打、推搡、人身强制、伤害等方式直接侵害其人身安全的行为。威胁方法是指违法行为人以伤害税务人员或者其亲属的人身或者破坏其财产等手段要挟税务人员,既包括直接当面威胁,也包括采取如通过电话、信件恐吓等间接方式进行威胁。抗税行为的主体必须是欠缴税款的纳税人、扣缴义务人个人,不包括单位。抗税行为必须是行为人故意所为,其目的是不缴纳税款。如果纳税人已缴纳税款,但对税务人员的征税行为不满,对其实施暴力或者威胁行为,不属于抗税行为。

关联法规

《刑法》第202条;《最高人民法院、最高人民检察院关于办理危害税收征管刑事案件适用法律若干问题的解释》第5、6条

第六十八条 【逾期缴纳者的责任】纳税人、扣缴义务人在规定期限内不缴或者少缴应纳或者应解缴的税款，经税务机关责令限期缴纳，逾期仍未缴纳的，税务机关除依照本法第四十条的规定采取强制执行措施追缴其不缴或者少缴的税款外，可以处不缴或者少缴的税款百分之五十以上五倍以下的罚款。

条文注释

纳税人、扣缴义务人在规定期限内不缴或者少缴应纳或者应解缴的税款，又不属于本法规定的偷税、抗税行为的，应当按照本条的规定进行处理：(1)由税务机关责令限期缴纳。即由税务机关制作限期缴纳决定书，责令纳税人、扣缴义务人在决定书确定的期限内缴纳或者解缴税款。纳税人、扣缴义务人应当在限定的期限内缴纳或者解缴所欠税款。(2)经税务机关责令限期缴纳，逾期仍未缴纳的，税务机关可以依照本法第40条的规定采取强制执行措施追缴其不缴或者少缴的税款：对从事生产、经营的纳税人、扣缴义务人，经县以上税务局(分局)局长批准，税务机关可以书面通知其开户银行或者其他金融机构从其存款中扣缴税款，可以扣押、查封、依法拍卖或者变卖其价值相当于应纳税税款的商品、货物或者其他财产，以拍卖或者变卖所得抵缴税款。税务机关采取强制措施时，对纳税人、扣缴义务人未缴纳的滞纳金同时强制执行。(3)可以对欠缴税款的纳税人、扣缴义务人处不缴或者少缴的税款百分之五十以上五倍以下的罚款。

关联法规

《税收征收管理法实施细则》第94条

第六十九条　【扣缴义务人违反义务的责任】扣缴义务人应扣未扣、应收而不收税款的，由税务机关向纳税人追缴税款，对扣缴义务人处应扣未扣、应收未收税款百分之五十以上三倍以下的罚款。

条文注释

(1)扣缴义务人应当按期、足额扣缴应扣、应收税款。负有代扣代缴义务的人，在向纳税人支付款项时，应当从所支付的款项中依法直接扣收税款，以对零星分散、不易掌握的税源进行控制。负有代收代缴义务的人，在向纳税人收取其他款项时可以依法收取税款。这种方式主要适用于一些税收网络覆盖不到的领域和地区。扣缴义务人应当依照本法和有关法律、行政法规的规定履行代扣、代收税款义务，对依法应当予以扣缴和收取的税款按期、足额扣缴或者收取，不得放弃法定职责。

(2)对扣缴义务人应扣未扣、应收而不收税款的处理。扣缴义务人不是负有法定纳税义务的人，只负有法定的代扣代缴、代收代缴税款的义务；如果扣缴义务人放弃履行法定义务，应扣未扣、应收而不收税款，不应当向其追缴所欠税款，而应当向真正的纳税义务人追缴。

第七十条　【阻挠税务检查】纳税人、扣缴义务人逃避、拒绝或者以其他方式阻挠税务机关检查的，由税务机关责令改正，可以处一万元以下的罚款；情节严重的，处一万元以上五万元以下的罚款。

条文注释

根据本法规定，税务机关作为税收征收管理的主管机关，有权检查纳税人、扣缴义务人的账簿、记账凭证及有关资料，有权到纳税人的生产、经营场所和货物存放地检查其应税商品、货物或者其他财产，检查扣缴义务人有关的经营情况，要求纳税人、扣缴义务人提供与纳税有关的文件、证明材料和有关资料，询问纳税人、扣缴义务人与纳税或者代扣代缴、代收代缴税款有关的问题和情况，到运输、邮政企业及其场所检查纳税人的应税商品、货物或者其他财产的有关单据、凭证和有关资料，按照规定的条件和程序检查纳税人的存款账户。对于税务机关依法进行的税务检查，纳税人、扣缴义务人必须接受，并予以配合，如实反映情况，如实提供有关资料，不得逃避、拒绝或者以其他方式阻挠税务机关检查。

本条所说的情节严重，指的是纳税人、扣缴义务人多次逃避、拒绝或者以其他方式阻挠税务机关依法进行税务检查；或者纳税人、扣缴义务人阻挠税务机关进行税务检查，虽未使用暴力、威胁手段，但方式比较激烈的；或者造成严重后果的。

关联法规

《税收征收管理法实施细则》第96条

第七十一条　【非法印制发票】违反本法第二十二条规定，非法印制发票的，由税务机关销毁非法印制的发票，没收违法所得和作案工具，并处一万元以上五万元以下的罚款；构成犯罪的，依法追究刑事责任。

条文注释

发票是财务收支的法定凭证，是会计核算的原始凭证，是税收征收、税务稽查的重要依据。发票印制的管理，是发票管理的基础环节。加强发票印制管理，对于保证发票的真实、合法、统一,从源头上控制“利用发票从事违法犯罪活动”具有重要作用。本法第22条第1款对发票的印制作出了具体规定,增值税专用发票由国务院税务主管部门指定的企业印制;其他发票按照国务院税务主管部门的规定,分别由省、自治区、直辖市国家税务局、地方税务局指定的企业印制。

本条所说的“违法所得”,是指非法印制发票的单位或者个人出售非法印制的发票以及自己或者给予他人使用非法印制的发票所非法获得的收入。本条所说的“作案工具”,是指用于非法印制发票的机器、设备等。

关联法规

《刑法》第206条;《发票管理办法》第34条

第七十二条　【收缴发票与停止向其发售发票】从事生产、经营的纳税人、扣缴义务人有本法规定的税收违法行为,拒不接受税务机关处理的,税务机关可以收缴其发票或者停止向其发售发票。

条文注释

税务机关向有关纳税人和扣缴义务人收缴、停止发售发票,有两项前提条件:一是从事生产经营的纳税人、扣缴义务人有本法规定的违法行为。即从事生产经营的纳税人、扣缴义务人存在本法规定的违反税务登记、凭证、账簿管理,违反纳税申报制度的行为,违反发票管理制度的行为,欠缴税款行为,偷税、抗税、骗取出口退税行为,逃避追缴欠税行为,逃避税务检查的行为以及其他违反本法规定的行为。二是违法行为人拒不接受税务机关处理。所谓拒不接受税务机关处理,是指对税务机关作出的限期改正、催缴税款、税收保全、强制执行、罚款等行政处理决定和行政处罚决定,不予执行,或者采取欺骗、隐匿、转移财产甚至暴力、威胁等方式阻挠税务机关实施处理决定。

关联法规

《税务登记管理办法》第43条

第七十三条　【金融机构拒绝税务检查】纳税人、扣缴义务人的开户银行或者其他金融机构拒绝接受税务机关依法检查纳税人、扣缴义务人存款帐户，或者拒绝执行税务机关作出的冻结存款或者扣缴税款的决定，或者在接到税务机关的书面通知后帮助纳税人、扣缴义务人转移存款，造成税款流失的，由税务机关处十万元以上五十万元以下的罚款，对直接负责的主管人员和其他直接责任人员处一千元以上一万元以下的罚款。

条文注释

根据本法的有关规定，银行及其他金融机构在协助税务机关依法履行职务方面承担以下义务：(1)根据本法第54条第6项的规定，经县以上税务局（分局）局长批准，凭全国统一格式的检查存款账户许可证明，税务机关可以查询从事生产、经营的纳税人、扣缴义务人在银行或者其他金融机构的存款账户。税务机关在调查税收违法案件时，经设区的市、自治州以上税务局（分局）局长批准，可以查询案件涉嫌人员的储蓄存款。(2)根据本法第38条中的规定，税务机关在法定的条件下，经批准可以书面通知纳税人开户银行或者其他金融机构冻结纳税人的金额相当于应纳税款的存款。(3)根据本法第40条中的规定，税务机关在法定的条件下，经批准可以书面通知纳税人的开户银行或者其他金融机构从其存款中扣缴其欠缴的税款。纳税人、扣缴义务人的开户银行或者其他金融机构应当按照规定协助税务机关依法履行职务；

不得拒绝接受税务机关依法检查纳税人、扣缴义务人存款账户，或者拒绝执行税务机关作出的冻结存款或者扣缴税款的决定，或者在接到税务机关的书面通知后帮助纳税人、扣缴义务人转移存款。

第七十四条 【税务所决定的行政罚款额】本法规定的行政处罚，罚款额在二千元以下的，可以由税务所决定。

第七十五条 【罚没收入的入库】税务机关和司法机关的涉税罚没收入，应当按照税款入库预算级次上缴国库。

条文注释

税收是国家和地方政府的财政收入，涉税罚没收入也应依法归入国家和地方政府的财政收入。国库是负责办理国家和地方预算资金收入和支出的机构；不仅纳税人依法应当缴纳的税款要征收入库，有关国家机关对当事人违反税收法律，影响税收征收管理的违法行为进行处罚的罚没收入，包括罚款、滞纳金和拍卖变卖查封扣押的商品、货物和其他财产抵作税款的收入也应上缴各级国库，各地方和有关部门不得私自截留。本条所规定的税务机关和司法机关都是代表国家行使权力的机关，它们的性质决定了其罚没收入应上缴各级国库。

关联法规

《税收征收管理法实施细则》第97、99条

第七十六条 【擅改征税范围和入库预算级次的责任】税务机关违反规定擅自改变税收征收管理范围和税款入库预算级次的，责令限期改正，对直接负责的主管人员和其他直接责任人员依法给予降级或者撤职的行政处分。

条文注释

我国自1994年实行新一轮税制改革后，实行分税制，从征收管理上采取按税种和收入划分方案分开征收地方税和中央税，从税收的成分上明确中央税收和地方税收的范围。具体到纳税人，如一个公司、企业、单位或个人，其所缴纳的税款，根据税种的不同，可能既有应上缴给中央的部分，也有应上缴给地方政府的部分。在征收管理过程中，属于中央的部分由国家税务局征收，属于地方的部分由地方税务局征收；在少数情况下，地方税务局和国家税务局也有通过委托交叉征税的情况。为了保证中央税和地方税及时足额入库，有效维护国家和地方利益，促进社会主义市场经济健康发展，根据本法规定，各级国家税务局和地方税务局应当严格按照国务院规定的税收征收管理范围和税款入库预算级次分别征收管理，并将征收的税款缴入国库。

对于违反本条规定的行为，法律规定了责令限期改正，并对直接负责的主管人员和其他直接责任人员给予降级或者撤职的行政处分的处理方式。

第七十七条　【涉嫌税务犯罪】纳税人、扣缴义务人有本法第六十三条、第六十五条、第六十六条、第六十七条、第七十一条规定的行为涉嫌犯罪的，税务机关应当依法移交司法机关追究刑事责任。

税务人员徇私舞弊，对依法应当移交司法机关追究刑事责任的不移交，情节严重的，依法追究刑事责任。

条文注释

本条所列本法第63条、第65条涉及偷税行为，第66条涉及骗税，第67条涉及抗税，第71条是非法印制发票，对这些违法行为，尚不构成犯罪的，由税务机关依法给予行政处罚；构成《刑法》规定的犯罪的要件的，税务机关无权处理。因为我国《刑法》规定的犯罪和刑罚都是由司法机关来认定的，并通过刑事诉讼程序来最后确定是什么罪，如何处罚。在犯罪与一般违法行为区别方面有明确的界限，如我国《刑法》规定的偷税罪、逃避税务机关追缴欠税罪、抗税罪等，由于司法机关并不处理日常的税务工作，要及时掌握涉税犯罪的情况，还要靠各级税务机关协助。各级税务机关在执法活动中对有本条规定的行为涉嫌犯罪的，应当依法移交司法机关追究刑事责任。税务机关工作人员徇私舞弊搞不正之风，办人情案、关系案，对依法应当移交司法机关追究刑事责任的不移交，情节严重的，由司法机关依法追究其刑事责任。

关联法规

《刑法》第201～212、404、405条；《最高人民法院、最高人民检察院关于办理危害税收征管刑事案件适用法律若干问题的解释》

第七十八条　【未经税务机关依法委托征收税款的责任】未经税务机关依法委托征收税款的，责令退还收取的财物，依法给予行政处分或者行政处罚；致使他人合法权益受到损失的，依法承担赔偿责任；构成犯罪的，依法追究刑事责任。

条文注释

依照本法规定，除税务机关、税务人员以及经税务机关依照法律、行政法规委托的单位和人员外，任何单位和个人都不得进行税款征收活动。因为依法征税是税务机关、税务人员的法定职责，税务机关、税务人员必须依法履行职责。税务机关委托有关单位和人员代为征收税款，必须依照法律、行政法规的规定办理。未经税务机关依法委托征收税款，就是违法行为。依照本条的规定，对违法收取的财物责令退还给有关当事人；对违法征税的单位和人员，由税务机关或者有关机关依法给予行政处罚或者行政处分；致使他人合法权益受到损失的，依法承担赔偿责任；构成犯罪的，依法追究刑事责任。

第七十九条 【查封、扣押个人及其所扶养家属维持生活必需的住房和用品者的责任】税务机关、税务人员查封、扣押纳税人个人及其所扶养家属维持生活必需的住房和用品的，责令退还，依法给予行政处分；构成犯罪的，依法追究刑事责任。

条文注释

依照本法规定，税务机关、税务人员在进行税款征收时，经过法定批准手续，可以采取税收保全措施和强制执行措施，即查封、扣押纳税人价值相当于应纳税款的商品、货物和其他财产；但个人及其所扶养家属维持生活必需的住房和用品，不在税收保全措施和强制执行措施的范围之内。其目的是保护纳税人的合法利益，不因征税导致纳税人及其所扶养家属生活无着。税务机关、税务人员必须依法行使职权。税务机关、税务人员违反本法规定，超出法定范围查封、扣押纳税人个人及其所扶养家属维持生活必需的住房和用品的，责令退还，由其所在单位或者上级机关或者行政监察机关依法给予行政处分；构成犯罪的，还应依法追究刑事责任。

第八十条 【税务人员与纳税人和扣缴义务人相勾结的违法与犯罪】税务人员与纳税人、扣缴义务人勾结,唆使或者协助纳税人、扣缴义务人有本法第六十三条、第六十五条、第六十六条规定的行为,构成犯罪的,依法追究刑事责任;尚不构成犯罪的,依法给予行政处分。

条文注释

税务人员的职责是依法征税,对纳税人和扣缴义务人依法履行纳税义务或者代扣代缴、代收代缴税款义务实施监督。如果税务人员不依法履行职责,勾结、唆使或协助纳税人和扣缴义务人进行偷税和骗税,那么其造成的危害将会极大;因为税务人员利用法定职权犯罪的隐秘性大,不易发现,造成的国家税款流失会很严重。所谓勾结,是指与征管对象共谋、策划偷、骗税,或利用职权之便为征管对象提供偷、骗税的方便;唆使是指指导、教唆征管对象偷、骗税;协助是指根据共同作案人的不法要求为其提供偷、骗税的机会和可能。税务人员有这几种行为,构成犯罪的,依照《刑法》规定追究其刑事责任;尚不构成犯罪的,依法给予行政处分。

第八十一条 【受贿或索贿】税务人员利用职务上的便利,收受或者索取纳税人、扣缴义务人财物或者谋取其他不正当利益,构成犯罪的,依法追究刑事责任;尚不构成犯罪的,依法给予行政处分。

条文注释

这里所说的"利用职务上的便利",指的是税务人员凭借对纳税人、扣缴义务人行使征收、管理、检查、处罚职权之便谋取私利。

根据本条和我国《刑法》第383、385、386、388条的规定，税务人员利用职务上的便利，索取他人财物的，或者非法收受他人财物，为他人谋取利益的，是受贿罪，依《刑法》给予处罚，对索贿的从重处罚。尚不构成犯罪的，依法给予行政处分。

此外，税务人员利用职务便利私分所扣押、查封的商品、货物或其他财产，或者低价购买这些财物或者谋取其他不正当利益的，除退还外，应当依法给予行政处分；构成犯罪的，依法追究刑事责任。

关联法规

《刑法》第383、385～388条

第八十二条　【税务人员的徇私舞弊或玩忽职守等】税务人员徇私舞弊或者玩忽职守，不征或者少征应征税款，致使国家税收遭受重大损失，构成犯罪的，依法追究刑事责任；尚不构成犯罪的，依法给予行政处分。

税务人员滥用职权，故意刁难纳税人、扣缴义务人的，调离税收工作岗位，并依法给予行政处分。

税务人员对控告、检举税收违法违纪行为的纳税人、扣缴义务人以及其他检举人进行打击报复的，依法给予行政处分；构成犯罪的，依法追究刑事责任。

税务人员违反法律、行政法规的规定，故意高估或者低估农业税计税产量，致使多征或者少征税款，侵犯农民合法权益或者损害国家利益，构成犯罪的，依法追究刑事责任；尚不构成犯罪的，依法给予行政处分。

条文注释

本条第2款所说的税务人员“滥用职权，故意刁难纳税人、扣缴义务人的”，是指税务人员不按规定的程序和手续为纳税人、扣缴义务人办理纳税事宜。例如，故意不及时为纳税人办理税务登记、发售发票；对纳税人、扣缴义务人征收的税款、处以的罚款、没收的非法所得，不开具完税凭证、收据；扣押商品、货物或者其他财产，不开具清单等。对此，依照本条规定，应当将其调离税收工作岗位，并依法给予相应的行政处分。本条第3款规定的税务人员对控告、检举税收违法违纪行为的纳税人、扣缴义务人以及其他检举人进行打击报复，是指税务人员为掩盖违法违纪事实，利用手中的权力，对依法维护国家利益和纳税人、扣缴义务人合法权益的控告人、检举人采取刁难、吓阻甚至陷害等手段，使控告人、检举人人格或利益遭受损害的行为。

关联法规

《刑法》第397、404、405条

第八十三条　【提前征收、延缓征收与摊派税款】违反法律、行政法规的规定提前征收、延缓征收或者摊派税款的，由其上级机关或者行政监察机关责令改正，对直接负责的主管人员和其他直接责任人员依法给予行政处分。

条文注释

提前征税是指还未发生征税依据，还未到征纳期，就提前课征了纳税人的税款。发生这种情况的原因有很多，如有的地方领导干部为追求政绩施加压力，故意非法截留非本级收入等。延缓征税是对业已到期的税款故意不予征收入库或作出违法的延缓征税的决定；这种行为的原因更是与不正当利益有关，有时是地方利益，但更多的是个人的不正当利益。摊派税款是对法律、行政法规有明文规定的征税办法不予执行，而采取按人头、所承包的田亩或上级违法下达的任务平摊税款，违法征收。对作出这些违法行为的有关机关和人员，首先是责令改正，要求有关机关和人员依法予以改正：对提前征收的税款该返还的返还，该计入即期的缴入本期税收；对延缓征税的及时尽快征收入库；对非法摊派的税款依法定计税方法重新计征，不该征税的依法予以退还。其次是对直接负责的主管人员和其他直接责任人员由其上级机关或行政监察机关依法给予行政处分，即根据情节和后果严重程度及有关人员的责任界限，分别给予警告、记过、记大过、降级、降职、撤职和开除公职的处分。

第八十四条　【违法的税收决定】违反法律、行政法规的规定，擅自作出税收的开征、停征或者减税、免税、退税、补税以及其他同税收法律、行政法规相抵触的决定的，除依照本法规定撤销其擅自作出的决定外，补征应征未征税款，退还不应征收而征收的税款，并由上级机关追究直接负责的主管人员和其他直接责任人员的行政责任；构成犯罪的，依法追究刑事责任。

条文注释

本法第3条明确规定，税收的开征、停征以及减税、免税、退税、补税，依照税收法律、行政法规的规定执行。对违反这一规定的行为，应依照本条的规定来处理。本条规定的情况，并不限于税务机关及其工作人员。因为我国实行分税制，一些地方领导干部，为了地方利益，或以权谋私，超越权限乱开减免税口子，扩大减免税范围，随意延长减免税期限；对本地销往外地的产品减税，对外地进入本地的产品加税；擅自改变税收征收管理范围或改变预算入库级次；超越国家规定范围自定对外商投资的优惠政策等，损害了国家税法的统一性和严肃性，造成国家财政政策难以贯彻落实，不利于社会主义市场经济繁荣发展。对于这种行为，必须坚决予以纠正，依照本条规定，撤销擅自作出的决定，补征应征未征税款，退还不应征而征的税款，并依法追究直接负责的主管人员和其他直接责任人员的行政责任。构成犯罪的，依法追究刑事责任。

关联法规

《刑法》第397条

第八十五条 【未依法回避】税务人员在征收税款或者查处税收违法案件时，未按照本法规定进行回避的，对直接负责的主管人员和其他直接责任人员，依法给予行政处分。

条文注释

本法第12条规定，税务人员征收税款和查处税收违法案件，与纳税人、扣缴义务人或者税收违法案件有利害关系的，应当回避。本法规定的回避制度是保证税务人员在征收税款或者调查处理违法案件时秉公执法、依法办事的重要制度，是克服办人情案、关系案的重要措施。各级税务机关及税务人员要认真执行，不能流于形式，或该回避的不回避，或相关应回避的人员以种种隐蔽迂回的办法，参与、介入和干扰依法进行的征收税款活动和调查处理税收违法案件的活动，导致影响税款依法征收或者对税收违法案件的调查处理进行不下去或直接影响处理结果。相关的税务人员依法依规定应该回避，应及时采取措施，请示报告，安排回避。税务机关及税务人员在征收税款或查处税收违法案件时，也要有专门的回避审查程序和环节。根据本法规定，有关税务机关及税务人员应当遵照执行，未按照本法规定进行回避的，对直接负责的主管人员和其他直接责任人员，要依法给予行政处分。

第八十六条 【未被发现的应受行政处罚的税收违法行为】违反税收法律、行政法规应当给予行政处罚的行为，在五年内未被发现的，不再给予行政处罚。

条文注释

追溯期限也称追溯时效，是行政处罚法律制度的组成部分。为了规范行政处罚，保障和监督行政机关有效实施行政管理，维护公共利益和社会秩序，保护公民、法人和其他组织的合法权益，我国《行政处罚法》对行政处罚的种类和设定，行政处罚的实施机关，行政处罚的管辖和适用，行政处罚的决定和执行等有关事项都作了明确规定。其中规定行政处罚的追溯期限为 2 年，即违法行为在 2 年内未被发现的不再给予行政处罚；但是法律另有规定的除外。

本条根据违反税法行为及其处理的复杂性，将行政处罚的一般追溯期限由 2 年延长至 5 年，是法律作出的特别规定；延长至 5 年仍然未被发现的，不再给予行政处罚。期限的计算方法从违法行为的发生之日起计算，有连续或者继续状态的，从该违法行为终了之日起计算。经过 5 年，仍未被发现的，不再给予行政处罚。这对于集中打击在追溯期内的各种税收违法行为，教育违法行为人改过自新，自觉遵守国家法律，不再实施违法行为，具有重要的作用，各级税务机关应当遵照执行。

关联法规

《行政处罚法》第 36 条

第八十七条　【违反保密规定的责任】未按照本法规定为纳税人、扣缴义务人、检举人保密的，对直接负责的主管人员和其他直接责任人员，由所在单位或者有关单位依法给予行政处分。

条文注释

本法在"税务检查"一章中规定，税务机关有权依法检查纳税人、扣缴义务人的会计账簿、生产经营场所、相关文件资料、商品货物和其他财产、存款账户和储蓄存款，可以记录、录音、录像、照相和复制。据此，税务机关可以经合法途径了解到纳税人和扣缴义务人的商业秘密，但是要依法为纳税人和扣缴义务人保密；如果违反规定将所知悉的被检查人的秘密泄露给他人，即构成对被检查人合法权益的侵害。同时，本法还规定，任何单位和个人都有权检举违反税收法律、行政法规的行为。收到检举的机关和负责查处的机关应当为检举人保密。为了维护被检查人及检举人的合法权益，加强对税收违法行为的监督，税务机关及其派出的税务检查人员以及收到检举的机关和负责查处的机关有责任为被检查人和检举人保密，这是法定的义务，必须履行；不履行的，依照本条规定对直接负责的主管人员和其他直接责任人员，由其所在单位或有关单位依法给予行政处分。直接负责的主管人员，是指批准、领导有关的税务检查的主管人员及负责经办和查处检举案件的主管人员。直接责任人员是指未按有关规定履行法定保密义务的人员。有关单位包括责任人员所在单位的上级单位、行政监察部门等。行政处分包括警告、记过、记大过、降级、降职、撤职和开除公职。

第八十八条 【纳税争议】纳税人、扣缴义务人、纳税担保人同税务机关在纳税上发生争议时，必须先依照税务机关的纳税决定缴纳或者解缴税款及滞纳金或者提供相应的担保，然后可以依法申请行政复议；对行政复议决定不服的，可以依法向人民法院起诉。

当事人对税务机关的处罚决定、强制执行措施或者税收保全措施不服的，可以依法申请行政复议，也可以依法向人民法院起诉。

当事人对税务机关的处罚决定逾期不申请行政复议也不向人民法院起诉、又不履行的，作出处罚决定的税务机关可以采取本法第四十条规定的强制执行措施，或者申请人民法院强制执行。

条文注释

税务行政复议，是指纳税人、扣缴义务人、纳税担保人及其他当事人不服税务机关的具体行政行为，依法向税务行政复议机关提出重新处理的申请，税务行政复议机关根据申请，对原处理决定重新审议，并依法根据不同情况作出维持、变更或撤销裁决的法律制度。

关于本条规定的税务行政复议，有两点需要注意：第一，当事人在申请复议之前，必须先依照税务机关的纳税决定缴纳或者解缴税款及滞纳金或者提供相应的担保，否则不能提出复议申请。第二，对于当事人与税务机关在纳税上发生争议而提起复议的，属于复议前置类型，当事人应先申请复议；对复议决定不服的，方可向人民法院提起行政诉讼。当事人对于税务机关的处罚决定、强制执行措施或者税收保全措施不服的，属于复议选择型，即当事人既可以依法提起行政复议，也可以依法向人民法院起诉。

关联法规

《税收征收管理法实施细则》第61、100条

第六章　附　　则

第八十九条　【代办税务事宜】纳税人、扣缴义务人可以委托税务代理人代为办理税务事宜。

条文注释

税务代理，是指税务代理人在规定的税务代理范围内，受纳税人、扣缴义务人的委托，代为办理纳税事宜的民事代理行为。实行税务代理制度，是税收征管改革的重要内容，它的出现适应了社会主义市场经济发展的需要。随着我国改革开放不断发展深化，税收制度也发生了根本性的改变。实行分税制后，中央税由国税局征收，地方税由地税局征收，纳税人和扣缴义务人要根据不同税种向国税局和地税局分别办理缴税事宜；一些纳税人和扣缴义务人受时间或专业知识限制，希望委托代理人代办税务事宜。本条的规定为纳税人、扣缴义务人委托税务代理人代办税务事宜提供了法律依据。

本条仅就税务代理制度的确立作了原则性规定，从事税务代理可以根据我国《民法典》等法律、行政法规和国家税务总局的规定办理。

第九十条　【立法委任】耕地占用税、契税、农业税、牧业税征收管理的具体办法，由国务院另行制定。

关税及海关代征税收的征收管理，依照法律、行政法规的有关规定执行。

条文注释

本法第2条明确规定，凡依法由税务机关征收的各种税收的征收管理，均适用本法。关税及海关代征税是由海关负责征收的，对此，我国《海关法》作了专门规定，因此，本条第2款规定，关税及海关代征税收的征收管理，依照法律、行政法规的有关规定执行。

耕地占用税、契税、农业税、牧业税的征收管理在我国实行税制改革前由财政等部门负责，税制改革后划归税务机关负责；目前，这项移转工作在全国范围内尚未结束。但是鉴于上述“四税”税源零星分散，纳税主体分布广泛，特别是农业税、牧业税的季节性、流动性强，有些规定实行实物征收和定额征收，与一般工商税收的征收管理有很大差别，为了对上述“四税”实施有效的征收管理，依照本条规定，耕地占用税、契税、农业税、牧业税征收管理的具体办法授权国务院另行制定。

关联法规

《税收征收管理法实施细则》第112条

第九十一条　【国际条约优先】中华人民共和国同外国缔结的有关税收的条约、协定同本法有不同规定的，依照条约、协定的规定办理。

条文注释

随着国际交往的日益频繁，我国同许多国家签订了有关的税收条约、协定。这些国际税收协定的基本任务是协调缔约国双方对同一纳税人的同一项所得的重复征税问题。国际税收条约、协定是国家间的法律,对缔约国双方具有约束力。据此,本条明确规定,在本法与我国同外国缔结的有关税收的条约、协定有不同规定时,适用条约、协定的规定。

第九十二条 【不同规定的法律适用】本法施行前颁布的税收法律与本法有不同规定的,适用本法规定。

条文注释

本法是我国税收征收管理的基本法、程序法;凡依法由税务机关征收的各种税收的征收管理,均适用本法。除本法外,我国还有一系列的税收实体法,如我国《个人所得税法》等;其中也有不少涉及税收征收管理的内容,但是都不完备。为了加强税收征收管理,规范税收征收和缴纳行为,保障国家税收收入,保护纳税人的合法权益,在总结吸取历史经验的基础上,第九届全国人大常委会第二十一次会议重新修订了本法,将我国税制改革的成果在本法中用法律形式固定了下来。

根据后法优于前法的原则,自本法施行之日起,本法施行前颁布的税收法律与本法有不同规定的,该不同规定不再具有法律效力,一律适用本法规定,如滞纳金的比率,自本法施行之日①起,应当一律依照本法执行,从按日加征千分之二调为万分之五。

第九十三条 【实施细则】国务院根据本法制定实施细则。

① 此处的“施行之日”是指2001年5月1日本法修订后的施行之日。

条文注释

由于每一部法律的条文有限，很难包容所有与该法有关的问题，并且法律的制定和修改程序比较严格，不便于随变化了的情况随时进行修订，因此需要根据法律的规定制定实施细则，以保证法律的有效实施。所谓实施细则，是指法律授权的机关在不违背法律原则的前提下，为保证法律的有效实施制定的，使法律易于理解和便于执行的具体的、详细的、具有可操作性的行为规范。实施细则具有法律效力，当事人应当遵守或执行，但它的法律效力比法律低，其规定不得与法律规定相冲突。实施细则是执行法律的重要依据，它对完善立法、保证法律的正确实施具有重要意义。本条授权，由国务院来制定本法的实施细则，明确了制定机关及实施细则的效力和适用范围。国务院应当根据重新修订后的《税收征收管理法》对现行《税收征收管理法实施细则》进行重新修订并公布。

第九十四条　【施行日期】本法自2001年5月1日起施行。

条文注释

法律的施行日期即法律的生效日期，是一部法律开始生效的时间。在每一部法律中，都有关于法律施行日期的规定，因为它是法律生效后对社会经济生活发生作用的起点，影响着新法律与旧法律的衔接。

关联法规

《税收征收管理法实施细则》第113条

附录

中华人民共和国增值税法

（2024年12月25日第十四届全国人民代表大会常务委员会第十三次会议通过　2024年12月25日中华人民共和国主席令第41号公布　自2026年1月1日起施行）

目　　录

第一章　总　　则

第一条　【立法目的】为了健全有利于高质量发展的增值税制度，规范增值税的征收和缴纳，保护纳税人的合法权益，制定本法。

第二条　【增值税税收工作宗旨】增值税税收工作应当贯彻落实党和国家路线方针政策、决策部署，为国民经济和社会发展服务。

第三条　【适用范围】在中华人民共和国境内（以下简称境内）销售货物、服务、无形资产、不动产（以下称应税交易），以及进口货物的单位和个人

（包括个体工商户），为增值税的纳税人，应当依照本法规定缴纳增值税。

销售货物、服务、无形资产、不动产，是指有偿转让货物、不动产的所有权，有偿提供服务，有偿转让无形资产的所有权或者使用权。

第四条 【在境内发生应税交易的情形】在境内发生应税交易，是指下列情形：

（一）销售货物的，货物的起运地或者所在地在境内；

（二）销售或者租赁不动产、转让自然资源使用权的，不动产、自然资源所在地在境内；

（三）销售金融商品的，金融商品在境内发行，或者销售方为境内单位和个人；

（四）除本条第二项、第三项规定外，销售服务、无形资产的，服务、无形资产在境内消费，或者销售方为境内单位和个人。

第五条 【视同应税交易的情形】有下列情形之一的，视同应税交易，应当依照本法规定缴纳增值税：

（一）单位和个体工商户将自产或者委托加工的货物用于集体福利或者个人消费；

（二）单位和个体工商户无偿转让货物；

（三）单位和个人无偿转让无形资产、不动产或者金融商品。

第六条 【不属于应税交易的情形】有下列情形之一的，不属于应税交易，不征收增值税：

（一）员工为受雇单位或者雇主提供取得工资、薪金的服务；

（二）收取行政事业性收费、政府性基金；

（三）依照法律规定被征收、征用而取得补偿；

（四）取得存款利息收入。

第七条 【增值税税额】增值税为价外税，应税交易的销售额不包括增值税税额。增值税税额，应当按照国务院的规定在交易凭证上单独列明。

第八条 【计税方法】纳税人发生应税交易，应当按照一般计税方法，通过销项税额抵扣进项税额计算应纳税额的方式，计算缴纳增值税；本法另有规定的除外。

小规模纳税人可以按照销售额和征收率计算应纳税额的简易计税方

法，计算缴纳增值税。

中外合作开采海洋石油、天然气增值税的计税方法等，按照国务院的有关规定执行。

第九条 【小规模纳税人】本法所称小规模纳税人，是指年应征增值税销售额未超过五百万元的纳税人。

小规模纳税人会计核算健全，能够提供准确税务资料的，可以向主管税务机关办理登记，按照本法规定的一般计税方法计算缴纳增值税。

根据国民经济和社会发展的需要，国务院可以对小规模纳税人的标准作出调整，报全国人民代表大会常务委员会备案。

第二章 税 率

第十条 【增值税税率】增值税税率：

（一）纳税人销售货物、加工修理修配服务、有形动产租赁服务，进口货物，除本条第二项、第四项、第五项规定外，税率为百分之十三。

（二）纳税人销售交通运输、邮政、基础电信、建筑、不动产租赁服务，销售不动产，转让土地使用权，销售或者进口下列货物，除本条第四项、第五项规定外，税率为百分之九：

1. 农产品、食用植物油、食用盐；

2. 自来水、暖气、冷气、热水、煤气、石油液化气、天然气、二甲醚、沼气、居民用煤炭制品；

3. 图书、报纸、杂志、音像制品、电子出版物；

4. 饲料、化肥、农药、农机、农膜。

（三）纳税人销售服务、无形资产，除本条第一项、第二项、第五项规定外，税率为百分之六。

（四）纳税人出口货物，税率为零；国务院另有规定的除外。

（五）境内单位和个人跨境销售国务院规定范围内的服务、无形资产，税率为零。

第十一条 【简易计税】适用简易计税方法计算缴纳增值税的征收率为百分之三。

第十二条 【两项以上应税交易计税】纳税人发生两项以上应税交易涉及不同税率、征收率的，应当分别核算适用不同税率、征收率的销售额；未分别核算的，从高适用税率。

第十三条 【一项应税交易涉及两个以上税率、征收率的计税】纳税人发生一项应税交易涉及两个以上税率、征收率的，按照应税交易的主要业务适用税率、征收率。

第三章 应纳税额

第十四条 【一般与简易计税方法】按照一般计税方法计算缴纳增值税的，应纳税额为当期销项税额抵扣当期进项税额后的余额。

按照简易计税方法计算缴纳增值税的，应纳税额为当期销售额乘以征收率。

进口货物，按照本法规定的组成计税价格乘以适用税率计算缴纳增值税。组成计税价格，为关税计税价格加上关税和消费税；国务院另有规定的，从其规定。

第十五条 【扣缴义务人】境外单位和个人在境内发生应税交易，以购买方为扣缴义务人；按照国务院的规定委托境内代理人申报缴纳税款的除外。

扣缴义务人依照本法规定代扣代缴税款的，按照销售额乘以税率计算应扣缴税额。

第十六条 【销项税额与进项税额】销项税额，是指纳税人发生应税交易，按照销售额乘以本法规定的税率计算的增值税税额。

进项税额，是指纳税人购进货物、服务、无形资产、不动产支付或者负担的增值税税额。

纳税人应当凭法律、行政法规或者国务院规定的增值税扣税凭证从销项税额中抵扣进项税额。

第十七条 【销售额含义】销售额，是指纳税人发生应税交易取得的与之相关的价款，包括货币和非货币形式的经济利益对应的全部价款，不包括按照一般计税方法计算的销项税额和按照简易计税方法计算的应纳税额。

第十八条 【销售额的计算】销售额以人民币计算。纳税人以人民币以外的货币结算销售额的,应当折合成人民币计算。

第十九条 【确定视同应税交易的销售额】发生本法第五条规定的视同应税交易以及销售额为非货币形式的,纳税人应当按照市场价格确定销售额。

第二十条 【核定销售额】销售额明显偏低或者偏高且无正当理由的,税务机关可以依照《中华人民共和国税收征收管理法》和有关行政法规的规定核定销售额。

第二十一条 【当期进项税额大于当期销项税额的部分处理方式】当期进项税额大于当期销项税额的部分,纳税人可以按照国务院的规定选择结转下期继续抵扣或者申请退还。

第二十二条 【进项税额不得从销项税额中抵扣的情形】纳税人的下列进项税额不得从其销项税额中抵扣:

(一)适用简易计税方法计税项目对应的进项税额;

(二)免征增值税项目对应的进项税额;

(三)非正常损失项目对应的进项税额;

(四)购进并用于集体福利或者个人消费的货物、服务、无形资产、不动产对应的进项税额;

(五)购进并直接用于消费的餐饮服务、居民日常服务和娱乐服务对应的进项税额;

(六)国务院规定的其他进项税额。

第四章 税收优惠

第二十三条 【小规模纳税人发生应税交易计算缴纳增值税】小规模纳税人发生应税交易,销售额未达到起征点的,免征增值税;达到起征点的,依照本法规定全额计算缴纳增值税。

前款规定的起征点标准由国务院规定,报全国人民代表大会常务委员会备案。

第二十四条 【免征增值税的项目】下列项目免征增值税:

（一）农业生产者销售的自产农产品，农业机耕、排灌、病虫害防治、植物保护、农牧保险以及相关技术培训业务，家禽、牲畜、水生动物的配种和疾病防治；

（二）医疗机构提供的医疗服务；

（三）古旧图书，自然人销售的自己使用过的物品；

（四）直接用于科学研究、科学试验和教学的进口仪器、设备；

（五）外国政府、国际组织无偿援助的进口物资和设备；

（六）由残疾人的组织直接进口供残疾人专用的物品，残疾人个人提供的服务；

（七）托儿所、幼儿园、养老机构、残疾人服务机构提供的育养服务，婚姻介绍服务，殡葬服务；

（八）学校提供的学历教育服务，学生勤工俭学提供的服务；

（九）纪念馆、博物馆、文化馆、文物保护单位管理机构、美术馆、展览馆、书画院、图书馆举办文化活动的门票收入，宗教场所举办文化、宗教活动的门票收入。

前款规定的免税项目具体标准由国务院规定。

第二十五条　【增值税专项优惠政策】根据国民经济和社会发展的需要，国务院对支持小微企业发展、扶持重点产业、鼓励创新创业就业、公益事业捐赠等情形可以制定增值税专项优惠政策，报全国人民代表大会常务委员会备案。

国务院应当对增值税优惠政策适时开展评估、调整。

第二十六条　【兼营增值税优惠项目】纳税人兼营增值税优惠项目的，应当单独核算增值税优惠项目的销售额；未单独核算的项目，不得享受税收优惠。

第二十七条　【放弃增值税优惠】纳税人可以放弃增值税优惠；放弃优惠的，在三十六个月内不得享受该项税收优惠，小规模纳税人除外。

第五章　征收管理

第二十八条　【增值税纳税义务发生时间的确定】增值税纳税义务发生

时间,按照下列规定确定:

(一)发生应税交易,纳税义务发生时间为收讫销售款项或者取得销售款项索取凭据的当日;先开具发票的,为开具发票的当日。

(二)发生视同应税交易,纳税义务发生时间为完成视同应税交易的当日。

(三)进口货物,纳税义务发生时间为货物报关进口的当日。

增值税扣缴义务发生时间为纳税人增值税纳税义务发生的当日。

第二十九条 【增值税纳税地点的确定】增值税纳税地点,按照下列规定确定:

(一)有固定生产经营场所的纳税人,应当向其机构所在地或者居住地主管税务机关申报纳税。总机构和分支机构不在同一县(市)的,应当分别向各自所在地的主管税务机关申报纳税;经省级以上财政、税务主管部门批准,可以由总机构汇总向总机构所在地的主管税务机关申报纳税。

(二)无固定生产经营场所的纳税人,应当向其应税交易发生地主管税务机关申报纳税;未申报纳税的,由其机构所在地或者居住地主管税务机关补征税款。

(三)自然人销售或者租赁不动产,转让自然资源使用权,提供建筑服务,应当向不动产所在地、自然资源所在地、建筑服务发生地主管税务机关申报纳税。

(四)进口货物的纳税人,应当按照海关规定的地点申报纳税。

(五)扣缴义务人,应当向其机构所在地或者居住地主管税务机关申报缴纳扣缴的税款;机构所在地或者居住地在境外的,应当向应税交易发生地主管税务机关申报缴纳扣缴的税款。

第三十条 【增值税的计税期间】增值税的计税期间分别为十日、十五日、一个月或者一个季度。纳税人的具体计税期间,由主管税务机关根据纳税人应纳税额的大小分别核定。不经常发生应税交易的纳税人,可以按次纳税。

纳税人以一个月或者一个季度为一个计税期间的,自期满之日起十五日内申报纳税;以十日或者十五日为一个计税期间的,自次月一日起十五日内申报纳税。

扣缴义务人解缴税款的计税期间和申报纳税期限,依照前两款规定执行。

纳税人进口货物,应当按照海关规定的期限申报并缴纳税款。

第三十一条 【预缴税款】纳税人以十日或者十五日为一个计税期间的,应当自期满之日起五日内预缴税款。

法律、行政法规对纳税人预缴税款另有规定的,从其规定。

第三十二条 【增值税的征收机关】增值税由税务机关征收,进口货物的增值税由海关代征。

海关应当将代征增值税和货物出口报关的信息提供给税务机关。

个人携带或者寄递进境物品增值税的计征办法由国务院制定,报全国人民代表大会常务委员会备案。

第三十三条 【出口退(免)税】纳税人出口货物或者跨境销售服务、无形资产,适用零税率的,应当向主管税务机关申报办理退(免)税。出口退(免)税的具体办法,由国务院制定。

第三十四条 【增值税发票】纳税人应当依法开具和使用增值税发票。增值税发票包括纸质发票和电子发票。电子发票与纸质发票具有同等法律效力。

国家积极推广使用电子发票。

第三十五条 【增值税涉税信息共享机制和工作配合机制】税务机关与工业和信息化、公安、海关、市场监督管理、人民银行、金融监督管理等部门建立增值税涉税信息共享机制和工作配合机制。

有关部门应当依照法律、行政法规,在各自职责范围内,支持、协助税务机关开展增值税征收管理。

第三十六条 【参照执行】增值税的征收管理依照本法和《中华人民共和国税收征收管理法》的规定执行。

第三十七条 【纳税人、扣缴义务人、税务机关及其工作人员违反本法规定的法律责任】纳税人、扣缴义务人、税务机关及其工作人员违反本法规定的,依照《中华人民共和国税收征收管理法》和有关法律、行政法规的规定追究法律责任。

第六章 附 则

第三十八条 【**施行日期**】本法自2026年1月1日起施行。《中华人民共和国增值税暂行条例》同时废止。

中华人民共和国
税收征收管理法实施细则

（2002年9月7日国务院令第362号公布 根据2012年11月9日国务院令第628号《关于修改和废止部分行政法规的决定》第一次修订 根据2013年7月18日国务院令第638号《关于废止和修改部分行政法规的决定》第二次修订 根据2016年2月6日国务院令第666号《关于修改部分行政法规的决定》第三次修订）

第一章 总 则

第一条 根据《中华人民共和国税收征收管理法》（以下简称税收征管法）的规定，制定本细则。

第二条 凡依法由税务机关征收的各种税收的征收管理，均适用税收征管法及本细则；税收征管法及本细则没有规定的，依照其他有关税收法律、行政法规的规定执行。

第三条 任何部门、单位和个人作出的与税收法律、行政法规相抵触的决定一律无效，税务机关不得执行，并应当向上级税务机关报告。

纳税人应当依照税收法律、行政法规的规定履行纳税义务;其签订的合同、协议等与税收法律、行政法规相抵触的,一律无效。

第四条 国家税务总局负责制定全国税务系统信息化建设的总体规划、技术标准、技术方案与实施办法;各级税务机关应当按照国家税务总局的总体规划、技术标准、技术方案与实施办法,做好本地区税务系统信息化建设的具体工作。

地方各级人民政府应当积极支持税务系统信息化建设,并组织有关部门实现相关信息的共享。

第五条 税收征管法第八条所称为纳税人、扣缴义务人保密的情况,是指纳税人、扣缴义务人的商业秘密及个人隐私。纳税人、扣缴义务人的税收违法行为不属于保密范围。

第六条 国家税务总局应当制定税务人员行为准则和服务规范。

上级税务机关发现下级税务机关的税收违法行为,应当及时予以纠正;下级税务机关应当按照上级税务机关的决定及时改正。

下级税务机关发现上级税务机关的税收违法行为,应当向上级税务机关或者有关部门报告。

第七条 税务机关根据检举人的贡献大小给予相应的奖励,奖励所需资金列入税务部门年度预算,单项核定。奖励资金具体使用办法以及奖励标准,由国家税务总局会同财政部制定。

第八条 税务人员在核定应纳税额、调整税收定额、进行税务检查、实施税务行政处罚、办理税务行政复议时,与纳税人、扣缴义务人或者其法定代表人、直接责任人有下列关系之一的,应当回避:

(一)夫妻关系;

(二)直系血亲关系;

(三)三代以内旁系血亲关系;

(四)近姻亲关系;

(五)可能影响公正执法的其他利害关系。

第九条 税收征管法第十四条所称按照国务院规定设立的并向社会公告的税务机构,是指省以下税务局的稽查局。稽查局专司偷税、逃避追缴欠税、骗税、抗税案件的查处。

国家税务总局应当明确划分税务局和稽查局的职责,避免职责交叉。

第二章 税务登记

第十条 国家税务局、地方税务局对同一纳税人的税务登记应当采用同一代码,信息共享。

税务登记的具体办法由国家税务总局制定。

第十一条 各级工商行政管理机关应当向同级国家税务局和地方税务局定期通报办理开业、变更、注销登记以及吊销营业执照的情况。

通报的具体办法由国家税务总局和国家工商行政管理总局联合制定。

第十二条 从事生产、经营的纳税人应当自领取营业执照之日起30日内,向生产、经营地或者纳税义务发生地的主管税务机关申报办理税务登记,如实填写税务登记表,并按照税务机关的要求提供有关证件、资料。

前款规定以外的纳税人,除国家机关和个人外,应当自纳税义务发生之日起30日内,持有关证件向所在地的主管税务机关申报办理税务登记。

个人所得税的纳税人办理税务登记的办法由国务院另行规定。

税务登记证件的式样,由国家税务总局制定。

第十三条 扣缴义务人应当自扣缴义务发生之日起30日内,向所在地的主管税务机关申报办理扣缴税款登记,领取扣缴税款登记证件;税务机关对已办理税务登记的扣缴义务人,可以只在其税务登记证件上登记扣缴税款事项,不再发给扣缴税款登记证件。

第十四条 纳税人税务登记内容发生变化的,应当自工商行政管理机关或者其他机关办理变更登记之日起30日内,持有关证件向原税务登记机关申报办理变更税务登记。

纳税人税务登记内容发生变化,不需要到工商行政管理机关或者其他机关办理变更登记的,应当自发生变化之日起30日内,持有关证件向原税务登记机关申报办理变更税务登记。

第十五条 纳税人发生解散、破产、撤销以及其他情形,依法终止纳税义务的,应当在向工商行政管理机关或者其他机关办理注销登记前,持有关证件向原税务登记机关申报办理注销税务登记;按照规定不需要在工商行政管理机关或者其他机关办理注册登记的，应当自有关机关批准或者宣告终止之日起 15 日内，持有关证件向原税务登记机关申报办理注销税务登记。

纳税人因住所、经营地点变动，涉及改变税务登记机关的，应当在向工商行政管理机关或者其他机关申请办理变更或者注销登记前或者住所、经营地点变动前，向原税务登记机关申报办理注销税务登记，并在 30 日内向迁达地税务机关申报办理税务登记。

纳税人被工商行政管理机关吊销营业执照或者被其他机关予以撤销登记的，应当自营业执照被吊销或者被撤销登记之日起 15 日内，向原税务登记机关申报办理注销税务登记。

第十六条 纳税人在办理注销税务登记前，应当向税务机关结清应纳税款、滞纳金、罚款，缴销发票、税务登记证件和其他税务证件。

第十七条 从事生产、经营的纳税人应当自开立基本存款账户或者其他存款账户之日起 15 日内，向主管税务机关书面报告其全部账号；发生变化的，应当自变化之日起 15 日内，向主管税务机关书面报告。

第十八条 除按照规定不需要发给税务登记证件的外，纳税人办理下列事项时，必须持税务登记证件：

（一）开立银行账户；

（二）申请减税、免税、退税；

（三）申请办理延期申报、延期缴纳税款；

（四）领购发票；

（五）申请开具外出经营活动税收管理证明；

（六）办理停业、歇业；

（七）其他有关税务事项。

第十九条 税务机关对税务登记证件实行定期验证和换证制度。纳税人应当在规定的期限内持有关证件到主管税务机关办理验证或者换证手续。

第二十条 纳税人应当将税务登记证件正本在其生产、经营场所或者办公场所公开悬挂，接受税务机关检查。

纳税人遗失税务登记证件的，应当在 15 日内书面报告主管税务机关，并登报声明作废。

第二十一条 从事生产、经营的纳税人到外县(市)临时从事生产、经营活动的,应当持税务登记证副本和所在地税务机关填开的外出经营活动税收管理证明,向营业地税务机关报验登记,接受税务管理。

从事生产、经营的纳税人外出经营,在同一地累计超过180天的,应当在营业地办理税务登记手续。

第三章 账簿、凭证管理

第二十二条 从事生产、经营的纳税人应当自领取营业执照或者发生纳税义务之日起15日内,按照国家有关规定设置账簿。

前款所称账簿,是指总账、明细账、日记账以及其他辅助性账簿。总账、日记账应当采用订本式。

第二十三条 生产、经营规模小又确无建账能力的纳税人,可以聘请经批准从事会计代理记账业务的专业机构或者财会人员代为建账和办理账务。

第二十四条 从事生产、经营的纳税人应当自领取税务登记证件之日起15日内,将其财务、会计制度或者财务、会计处理办法报送主管税务机关备案。

纳税人使用计算机记账的,应当在使用前将会计电算化系统的会计核算软件、使用说明书及有关资料报送主管税务机关备案。

纳税人建立的会计电算化系统应当符合国家有关规定,并能正确、完整核算其收入或者所得。

第二十五条 扣缴义务人应当自税收法律、行政法规规定的扣缴义务发生之日起10日内,按照所代扣、代收的税种,分别设置代扣代缴、代收代缴税款账簿。

第二十六条 纳税人、扣缴义务人会计制度健全,能够通过计算机正确、完整计算其收入和所得或者代扣代缴、代收代缴税款情况的,其计算机输出的完整的书面会计记录,可视同会计账簿。

纳税人、扣缴义务人会计制度不健全,不能通过计算机正确、完整计算其收入和所得或者代扣代缴、代收代缴税款情况的,应当建立总账及与纳税或者代扣代缴、代收代缴税款有关的其他账簿。

第二十七条 账簿、会计凭证和报表,应当使用中文。民族自治地方可以同时使用当地通用的一种民族文字。外商投资企业和外国企业可以同时使用一种外国文字。

第二十八条 纳税人应当按照税务机关的要求安装、使用税控装置,并按照税务机关的规定报送有关数据和资料。

税控装置推广应用的管理办法由国家税务总局另行制定,报国务院批准后实施。

第二十九条 账簿、记账凭证、报表、完税凭证、发票、出口凭证以及其他有关涉税资料应当合法、真实、完整。

账簿、记账凭证、报表、完税凭证、发票、出口凭证以及其他有关涉税资料应当保存 10 年;但是,法律、行政法规另有规定的除外。

第四章 纳税申报

第三十条 税务机关应当建立、健全纳税人自行申报纳税制度。纳税人、扣缴义务人可以采取邮寄、数据电文方式办理纳税申报或者报送代扣代缴、代收代缴税款报告表。

数据电文方式,是指税务机关确定的电话语音、电子数据交换和网络传输等电子方式。

第三十一条 纳税人采取邮寄方式办理纳税申报的,应当使用统一的纳税申报专用信封,并以邮政部门收据作为申报凭据。邮寄申报以寄出的邮戳日期为实际申报日期。

纳税人采取电子方式办理纳税申报的,应当按照税务机关规定的期限和要求保存有关资料,并定期书面报送主管税务机关。

第三十二条 纳税人在纳税期内没有应纳税款的,也应当按照规定办理纳税申报。

纳税人享受减税、免税待遇的,在减税、免税期间应当按照规定办理纳税申报。

第三十三条　纳税人、扣缴义务人的纳税申报或者代扣代缴、代收代缴税款报告表的主要内容包括:税种、税目,应纳税项目或者应代扣代缴、代收代缴税款项目,计税依据,扣除项目及标准,适用税率或者单位税额,应退税项目及税额、应减免税项目及税额,应纳税额或者应代扣代缴、代收代缴税额,税款所属期限、延期缴纳税款、欠税、滞纳金等。

第三十四条　纳税人办理纳税申报时,应当如实填写纳税申报表,并根据不同的情况相应报送下列有关证件、资料:

(一)财务会计报表及其说明材料;

(二)与纳税有关的合同、协议书及凭证;

(三)税控装置的电子报税资料;

(四)外出经营活动税收管理证明和异地完税凭证;

(五)境内或者境外公证机构出具的有关证明文件;

(六)税务机关规定应当报送的其他有关证件、资料。

第三十五条　扣缴义务人办理代扣代缴、代收代缴税款报告时,应当如实填写代扣代缴、代收代缴税款报告表,并报送代扣代缴、代收代缴税款的合法凭证以及税务机关规定的其他有关证件、资料。

第三十六条　实行定期定额缴纳税款的纳税人,可以实行简易申报、简并征期等申报纳税方式。

第三十七条　纳税人、扣缴义务人按照规定的期限办理纳税申报或者报送代扣代缴、代收代缴税款报告表确有困难,需要延期的,应当在规定的期限内向税务机关提出书面延期申请,经税务机关核准,在核准的期限内办理。

纳税人、扣缴义务人因不可抗力,不能按期办理纳税申报或者报送代扣代缴、代收代缴税款报告表的,可以延期办理;但是,应当在不可抗力情形消除后立即向税务机关报告。税务机关应当查明事实,予以核准。

第五章　税 款 征 收

第三十八条　税务机关应当加强对税款征收的管理,建立、健全责任制度。

税务机关根据保证国家税款及时足额入库、方便纳税人、降低税收成本的原则,确定税款征收的方式。

税务机关应当加强对纳税人出口退税的管理,具体管理办法由国家税务总局会同国务院有关部门制定。

第三十九条 税务机关应当将各种税收的税款、滞纳金、罚款,按照国家规定的预算科目和预算级次及时缴入国库,税务机关不得占压、挪用、截留,不得缴入国库以外或者国家规定的税款账户以外的任何账户。

已缴入国库的税款、滞纳金、罚款,任何单位和个人不得擅自变更预算科目和预算级次。

第四十条 税务机关应当根据方便、快捷、安全的原则,积极推广使用支票、银行卡、电子结算方式缴纳税款。

第四十一条 纳税人有下列情形之一的,属于税收征管法第三十一条所称特殊困难:

(一)因不可抗力,导致纳税人发生较大损失,正常生产经营活动受到较大影响的;

(二)当期货币资金在扣除应付职工工资、社会保险费后,不足以缴纳税款的。

计划单列市国家税务局、地方税务局可以参照税收征管法第三十一条第二款的批准权限,审批纳税人延期缴纳税款。

第四十二条 纳税人需要延期缴纳税款的,应当在缴纳税款期限届满前提出申请,并报送下列材料:申请延期缴纳税款报告,当期货币资金余额情况及所有银行存款账户的对账单,资产负债表,应付职工工资和社会保险费等税务机关要求提供的支出预算。

税务机关应当自收到申请延期缴纳税款报告之日起20日内作出批准或者不予批准的决定;不予批准的,从缴纳税款期限届满之日起加收滞纳金。

第四十三条 享受减税、免税优惠的纳税人,减税、免税期满,应当自期满次日起恢复纳税;减税、免税条件发生变化的,应当在纳税申报时向税务机关报告;不再符合减税、免税条件的,应当依法履行纳税义务;未依法纳税的,税务机关应当予以追缴。

第四十四条 税务机关根据有利于税收控管和方便纳税的原则，可以按照国家有关规定委托有关单位和人员代征零星分散和异地缴纳的税收，并发给委托代征证书。受托单位和人员按照代征证书的要求，以税务机关的名义依法征收税款，纳税人不得拒绝；纳税人拒绝的，受托代征单位和人员应当及时报告税务机关。

第四十五条 税收征管法第三十四条所称完税凭证，是指各种完税证、缴款书、印花税票、扣（收）税凭证以及其他完税证明。

未经税务机关指定，任何单位、个人不得印制完税凭证。完税凭证不得转借、倒卖、变造或者伪造。

完税凭证的式样及管理办法由国家税务总局制定。

第四十六条 税务机关收到税款后，应当向纳税人开具完税凭证。纳税人通过银行缴纳税款的，税务机关可以委托银行开具完税凭证。

第四十七条 纳税人有税收征管法第三十五条或者第三十七条所列情形之一的，税务机关有权采用下列任何一种方法核定其应纳税额：

（一）参照当地同类行业或者类似行业中经营规模和收入水平相近的纳税人的税负水平核定；

（二）按照营业收入或者成本加合理的费用和利润的方法核定；

（三）按照耗用的原材料、燃料、动力等推算或者测算核定；

（四）按照其他合理方法核定。

采用前款所列一种方法不足以正确核定应纳税额时，可以同时采用两种以上的方法核定。

纳税人对税务机关采取本条规定的方法核定的应纳税额有异议的，应当提供相关证据，经税务机关认定后，调整应纳税额。

第四十八条 税务机关负责纳税人纳税信誉等级评定工作。纳税人纳税信誉等级的评定办法由国家税务总局制定。

第四十九条 承包人或者承租人有独立的生产经营权，在财务上独立核算，并定期向发包人或者出租人上缴承包费或者租金的，承包人或者承租人应当就其生产、经营收入和所得纳税，并接受税务管理；但是，法律、行政法规另有规定的除外。

发包人或者出租人应当自发包或者出租之日起 30 日内将承包人或者

承租人的有关情况向主管税务机关报告。发包人或者出租人不报告的,发包人或者出租人与承包人或者承租人承担纳税连带责任。

第五十条 纳税人有解散、撤销、破产情形的,在清算前应当向其主管税务机关报告;未结清税款的,由其主管税务机关参加清算。

第五十一条 税收征管法第三十六条所称关联企业,是指有下列关系之一的公司、企业和其他经济组织:

(一)在资金、经营、购销等方面,存在直接或者间接的拥有或者控制关系;

(二)直接或者间接地同为第三者所拥有或者控制;

(三)在利益上具有相关联的其他关系。

纳税人有义务就其与关联企业之间的业务往来,向当地税务机关提供有关的价格、费用标准等资料。具体办法由国家税务总局制定。

第五十二条 税收征管法第三十六条所称独立企业之间的业务往来,是指没有关联关系的企业之间按照公平成交价格和营业常规所进行的业务往来。

第五十三条 纳税人可以向主管税务机关提出与其关联企业之间业务往来的定价原则和计算方法,主管税务机关审核、批准后,与纳税人预先约定有关定价事项,监督纳税人执行。

第五十四条 纳税人与其关联企业之间的业务往来有下列情形之一的,税务机关可以调整其应纳税额:

(一)购销业务未按照独立企业之间的业务往来作价;

(二)融通资金所支付或者收取的利息超过或者低于没有关联关系的企业之间所能同意的数额,或者利率超过或者低于同类业务的正常利率;

(三)提供劳务,未按照独立企业之间业务往来收取或者支付劳务费用;

(四)转让财产、提供财产使用权等业务往来,未按照独立企业之间业务往来作价或者收取、支付费用;

(五)未按照独立企业之间业务往来作价的其他情形。

第五十五条 纳税人有本细则第五十四条所列情形之一的,税务机关可以按照下列方法调整计税收入额或者所得额:

(一)按照独立企业之间进行的相同或者类似业务活动的价格;

（二）按照再销售给无关联关系的第三者的价格所应取得的收入和利润水平；

（三）按照成本加合理的费用和利润；

（四）按照其他合理的方法。

第五十六条 纳税人与其关联企业未按照独立企业之间的业务往来支付价款、费用的，税务机关自该业务往来发生的纳税年度起3年内进行调整；有特殊情况的，可以自该业务往来发生的纳税年度起10年内进行调整。

第五十七条 税收征管法第三十七条所称未按照规定办理税务登记从事生产、经营的纳税人，包括到外县（市）从事生产、经营而未向营业地税务机关报验登记的纳税人。

第五十八条 税务机关依照税收征管法第三十七条的规定，扣押纳税人商品、货物的，纳税人应当自扣押之日起15日内缴纳税款。

对扣押的鲜活、易腐烂变质或者易失效的商品、货物，税务机关根据被扣押物品的保质期，可以缩短前款规定的扣押期限。

第五十九条 税收征管法第三十八条、第四十条所称其他财产，包括纳税人的房地产、现金、有价证券等不动产和动产。

机动车辆、金银饰品、古玩字画、豪华住宅或者一处以外的住房不属于税收征管法第三十八条、第四十条、第四十二条所称个人及其所扶养家属维持生活必需的住房和用品。

税务机关对单价5000元以下的其他生活用品，不采取税收保全措施和强制执行措施。

第六十条 税收征管法第三十八条、第四十条、第四十二条所称个人所扶养家属，是指与纳税人共同居住生活的配偶、直系亲属以及无生活来源并由纳税人扶养的其他亲属。

第六十一条 税收征管法第三十八条、第八十八条所称担保，包括经税务机关认可的纳税保证人为纳税人提供的纳税保证，以及纳税人或者第三人以其未设置或者未全部设置担保物权的财产提供的担保。

纳税保证人，是指在中国境内具有纳税担保能力的自然人、法人或者其他经济组织。

法律、行政法规规定的没有担保资格的单位和个人，不得作为纳税担保人。

第六十二条 纳税担保人同意为纳税人提供纳税担保的,应当填写纳税担保书,写明担保对象、担保范围、担保期限和担保责任以及其他有关事项。担保书须经纳税人、纳税担保人签字盖章并经税务机关同意,方为有效。

纳税人或者第三人以其财产提供纳税担保的,应当填写财产清单,并写明财产价值以及其他有关事项。纳税担保财产清单须经纳税人、第三人签字盖章并经税务机关确认,方为有效。

第六十三条 税务机关执行扣押、查封商品、货物或者其他财产时,应当由两名以上税务人员执行,并通知被执行人。被执行人是自然人的,应当通知被执行人本人或者其成年家属到场;被执行人是法人或者其他组织的,应当通知其法定代表人或者主要负责人到场;拒不到场的,不影响执行。

第六十四条 税务机关执行税收征管法第三十七条、第三十八条、第四十条的规定,扣押、查封价值相当于应纳税款的商品、货物或者其他财产时,参照同类商品的市场价、出厂价或者评估价估算。

税务机关按照前款方法确定应扣押、查封的商品、货物或者其他财产的价值时,还应当包括滞纳金和拍卖、变卖所发生的费用。

第六十五条 对价值超过应纳税额且不可分割的商品、货物或者其他财产,税务机关在纳税人、扣缴义务人或者纳税担保人无其他可供强制执行的财产的情况下,可以整体扣押、查封、拍卖。

第六十六条 税务机关执行税收征管法第三十七条、第三十八条、第四十条的规定,实施扣押、查封时,对有产权证件的动产或者不动产,税务机关可以责令当事人将产权证件交税务机关保管,同时可以向有关机关发出协助执行通知书,有关机关在扣押、查封期间不再办理该动产或者不动产的过户手续。

第六十七条 对查封的商品、货物或者其他财产,税务机关可以指令被执行人负责保管,保管责任由被执行人承担。

继续使用被查封的财产不会减少其价值的,税务机关可以允许被执行人继续使用;因被执行人保管或者使用的过错造成的损失,由被执行人承担。

第六十八条 纳税人在税务机关采取税收保全措施后,按照税务机关规定的期限缴纳税款的,税务机关应当自收到税款或者银行转回的完税凭证之日起1日内解除税收保全。

第六十九条 税务机关将扣押、查封的商品、货物或者其他财产变价抵缴税款时,应当交由依法成立的拍卖机构拍卖;无法委托拍卖或者不适于拍卖的,可以交由当地商业企业代为销售,也可以责令纳税人限期处理;无法委托商业企业销售,纳税人也无法处理的,可以由税务机关变价处理,具体办法由国家税务总局规定。国家禁止自由买卖的商品,应当交由有关单位按照国家规定的价格收购。

拍卖或者变卖所得抵缴税款、滞纳金、罚款以及拍卖、变卖等费用后,剩余部分应当在3日内退还被执行人。

第七十条 税收征管法第三十九条、第四十三条所称损失,是指因税务机关的责任,使纳税人、扣缴义务人或者纳税担保人的合法利益遭受的直接损失。

第七十一条 税收征管法所称其他金融机构,是指信托投资公司、信用合作社、邮政储蓄机构以及经中国人民银行、中国证券监督管理委员会等批准设立的其他金融机构。

第七十二条 税收征管法所称存款,包括独资企业投资人、合伙企业合伙人、个体工商户的储蓄存款以及股东资金账户中的资金等。

第七十三条 从事生产、经营的纳税人、扣缴义务人未按照规定的期限缴纳或者解缴税款的,纳税担保人未按照规定的期限缴纳所担保的税款的,由税务机关发出限期缴纳税款通知书,责令缴纳或者解缴税款的最长期限不得超过15日。

第七十四条 欠缴税款的纳税人或者其法定代表人在出境前未按照规定结清应纳税款、滞纳金或者提供纳税担保的,税务机关可以通知出入境管理机关阻止其出境。阻止出境的具体办法,由国家税务总局会同公安部制定。

第七十五条 税收征管法第三十二条规定的加收滞纳金的起止时间,为法律、行政法规规定或者税务机关依照法律、行政法规的规定确定的税款缴纳期限届满次日起至纳税人、扣缴义务人实际缴纳或者解缴税款之日止。

第七十六条 县级以上各级税务机关应当将纳税人的欠税情况,在办税场所或者广播、电视、报纸、期刊、网络等新闻媒体上定期公告。

对纳税人欠缴税款的情况实行定期公告的办法，由国家税务总局制定。

第七十七条　税收征管法第四十九条所称欠缴税款数额较大，是指欠缴税款5万元以上。

第七十八条　税务机关发现纳税人多缴税款的，应当自发现之日起10日内办理退还手续；纳税人发现多缴税款，要求退还的，税务机关应当自接到纳税人退还申请之日起30日内查实并办理退还手续。

税收征管法第五十一条规定的加算银行同期存款利息的多缴税款退税，不包括依法预缴税款形成的结算退税、出口退税和各种减免退税。

退税利息按照税务机关办理退税手续当天中国人民银行规定的活期存款利率计算。

第七十九条　当纳税人既有应退税款又有欠缴税款的，税务机关可以将应退税款和利息先抵扣欠缴税款；抵扣后有余额的，退还纳税人。

第八十条　税收征管法第五十二条所称税务机关的责任，是指税务机关适用税收法律、行政法规不当或者执法行为违法。

第八十一条　税收征管法第五十二条所称纳税人、扣缴义务人计算错误等失误，是指非主观故意的计算公式运用错误以及明显的笔误。

第八十二条　税收征管法第五十二条所称特殊情况，是指纳税人或者扣缴义务人因计算错误等失误，未缴或者少缴、未扣或者少扣、未收或者少收税款，累计数额在10万元以上的。

第八十三条　税收征管法第五十二条规定的补缴和追征税款、滞纳金的期限，自纳税人、扣缴义务人应缴未缴或者少缴税款之日起计算。

第八十四条　审计机关、财政机关依法进行审计、检查时，对税务机关的税收违法行为作出的决定，税务机关应当执行；发现被审计、检查单位有税收违法行为的，向被审计、检查单位下达决定、意见书，责成被审计、检查单位向税务机关缴纳应当缴纳的税款、滞纳金。税务机关应当根据有关机关的决定、意见书，依照税收法律、行政法规的规定，将应收的税款、滞纳金按照国家规定的税收征收管理范围和税款入库预算级次缴入国库。

税务机关应当自收到审计机关、财政机关的决定、意见书之日起30日内将执行情况书面回复审计机关、财政机关。

有关机关不得将其履行职责过程中发现的税款、滞纳金自行征收入库或者以其他款项的名义自行处理、占压。

第六章　税务检查

第八十五条　税务机关应当建立科学的检查制度，统筹安排检查工作，严格控制对纳税人、扣缴义务人的检查次数。

税务机关应当制定合理的税务稽查工作规程，负责选案、检查、审理、执行的人员的职责应当明确，并相互分离、相互制约，规范选案程序和检查行为。

税务检查工作的具体办法，由国家税务总局制定。

第八十六条　税务机关行使税收征管法第五十四条第(一)项职权时，可以在纳税人、扣缴义务人的业务场所进行；必要时，经县以上税务局(分局)局长批准，可以将纳税人、扣缴义务人以前会计年度的账簿、记账凭证、报表和其他有关资料调回税务机关检查，但是税务机关必须向纳税人、扣缴义务人开付清单，并在3个月内完整退还；有特殊情况的，经设区的市、自治州以上税务局局长批准，税务机关可以将纳税人、扣缴义务人当年的账簿、记账凭证、报表和其他有关资料调回检查，但是税务机关必须在30日内退还。

第八十七条　税务机关行使税收征管法第五十四条第(六)项职权时，应当指定专人负责，凭全国统一格式的检查存款账户许可证明进行，并有责任为被检查人保守秘密。

检查存款账户许可证明，由国家税务总局制定。

税务机关查询的内容，包括纳税人存款账户余额和资金往来情况。

第八十八条　依照税收征管法第五十五条规定，税务机关采取税收保全措施的期限一般不得超过6个月；重大案件需要延长的，应当报国家税务总局批准。

第八十九条　税务机关和税务人员应当依照税收征管法及本细则的规定行使税务检查职权。

税务人员进行税务检查时，应当出示税务检查证和税务检查通知书；无税务检查证和税务检查通知书的，纳税人、扣缴义务人及其他当事人有权拒绝检查。税务机关对集贸市场及集中经营业户进行检查时，可以使用统一的税务检查通知书。

税务检查证和税务检查通知书的式样、使用和管理的具体办法,由国家税务总局制定。

第七章 法律责任

第九十条 纳税人未按照规定办理税务登记证件验证或者换证手续的,由税务机关责令限期改正,可以处2000元以下的罚款;情节严重的,处2000元以上1万元以下的罚款。

第九十一条 非法印制、转借、倒卖、变造或者伪造完税凭证的,由税务机关责令改正,处2000元以上1万元以下的罚款;情节严重的,处1万元以上5万元以下的罚款;构成犯罪的,依法追究刑事责任。

第九十二条 银行和其他金融机构未依照税收征管法的规定在从事生产、经营的纳税人的账户中登录税务登记证件号码,或者未按规定在税务登记证件中登录从事生产、经营的纳税人的账户账号的,由税务机关责令其限期改正,处2000元以上2万元以下的罚款;情节严重的,处2万元以上5万元以下的罚款。

第九十三条 为纳税人、扣缴义务人非法提供银行账户、发票、证明或者其他方便,导致未缴、少缴税款或者骗取国家出口退税款的,税务机关除没收其违法所得外,可以处未缴、少缴或者骗取的税款1倍以下的罚款。

第九十四条 纳税人拒绝代扣、代收税款的,扣缴义务人应当向税务机关报告,由税务机关直接向纳税人追缴税款、滞纳金;纳税人拒不缴纳的,依照税收征管法第六十八条的规定执行。

第九十五条 税务机关依照税收征管法第五十四条第(五)项的规定,到车站、码头、机场、邮政企业及其分支机构检查纳税人有关情况时,有关单位拒绝的,由税务机关责令改正,可以处1万元以下的罚款;情节严重的,处1万元以上5万元以下的罚款。

第九十六条 纳税人、扣缴义务人有下列情形之一的,依照税收征管法第七十条的规定处罚:

(一)提供虚假资料,不如实反映情况,或者拒绝提供有关资料的;

(二)拒绝或者阻止税务机关记录、录音、录像、照相和复制与案件有关的情况和资料的；

(三)在检查期间,纳税人、扣缴义务人转移、隐匿、销毁有关资料的；

(四)有不依法接受税务检查的其他情形的。

第九十七条 税务人员私分扣押、查封的商品、货物或者其他财产,情节严重,构成犯罪的,依法追究刑事责任；尚不构成犯罪的,依法给予行政处分。

第九十八条 税务代理人违反税收法律、行政法规,造成纳税人未缴或者少缴税款的,除由纳税人缴纳或者补缴应纳税款、滞纳金外,对税务代理人处纳税人未缴或者少缴税款50%以上3倍以下的罚款。

第九十九条 税务机关对纳税人、扣缴义务人及其他当事人处以罚款或者没收违法所得时,应当开付罚没凭证；未开付罚没凭证的,纳税人、扣缴义务人以及其他当事人有权拒绝给付。

第一百条 税收征管法第八十八条规定的纳税争议,是指纳税人、扣缴义务人、纳税担保人对税务机关确定纳税主体、征税对象、征税范围、减税、免税及退税、适用税率、计税依据、纳税环节、纳税期限、纳税地点以及税款征收方式等具体行政行为有异议而发生的争议。

第八章 文书送达

第一百零一条 税务机关送达税务文书,应当直接送交受送达人。

受送达人是公民的,应当由本人直接签收；本人不在的,交其同住成年家属签收。

受送达人是法人或者其他组织的,应当由法人的法定代表人、其他组织的主要负责人或者该法人、组织的财务负责人、负责收件的人签收。受送达人有代理人的,可以送交其代理人签收。

第一百零二条 送达税务文书应当有送达回证,并由受送达人或者本细则规定的其他签收人在送达回证上记明收到日期,签名或者盖章,即为送达。

第一百零三条 受送达人或者本细则规定的其他签收人拒绝签收税务文书的,送达人应当在送达回证上记明拒收理由和日期,并由送达人和见证人签名或者盖章,将税务文书留在受送达人处,即视为送达。

第一百零四条 直接送达税务文书有困难的,可以委托其他有关机关或者其他单位代为送达,或者邮寄送达。

第一百零五条 直接或者委托送达税务文书的,以签收人或者见证人在送达回证上的签收或者注明的收件日期为送达日期;邮寄送达的,以挂号函件回执上注明的收件日期为送达日期,并视为已送达。

第一百零六条 有下列情形之一的,税务机关可以公告送达税务文书,自公告之日起满30日,即视为送达:

(一)同一送达事项的受送达人众多;

(二)采用本章规定的其他送达方式无法送达。

第一百零七条 税务文书的格式由国家税务总局制定。本细则所称税务文书,包括:

(一)税务事项通知书;

(二)责令限期改正通知书;

(三)税收保全措施决定书;

(四)税收强制执行决定书;

(五)税务检查通知书;

(六)税务处理决定书;

(七)税务行政处罚决定书;

(八)行政复议决定书;

(九)其他税务文书。

第九章 附 则

第一百零八条 税收征管法及本细则所称"以上"、"以下"、"日内"、"届满"均含本数。

第一百零九条 税收征管法及本细则所规定期限的最后一日是法定休假日的,以休假日期满的次日为期限的最后一日;在期限内有连续3日以上法定休假日的,按休假日天数顺延。

第一百一十条 税收征管法第三十条第三款规定的代扣、代收手续费,纳入预算管理,由税务机关依照法律、行政法规的规定付给扣缴义务人。

第一百一十一条 纳税人、扣缴义务人委托税务代理人代为办理税务事宜的办法,由国家税务总局规定。

第一百一十二条 耕地占用税、契税、农业税、牧业税的征收管理,按照国务院的有关规定执行。

第一百一十三条 本细则自2002年10月15日起施行。1993年8月4日国务院发布的《中华人民共和国税收征收管理法实施细则》同时废止。

中华人民共和国发票管理办法

(1993年12月12日国务院批准 1993年12月23日财政部令第6号公布 根据2010年12月20日国务院令第587号《关于修改〈中华人民共和国发票管理办法〉的决定》第一次修订 根据2019年3月2日国务院令第709号《关于修改部分行政法规的决定》第二次修订 根据2023年7月20日国务院令第764号《关于修改和废止部分行政法规的决定》第三次修订)

第一章 总 则

第一条 为了加强发票管理和财务监督,保障国家税收收入,维护经济秩序,根据《中华人民共和国税收征收管理法》,制定本办法。

第二条 在中华人民共和国境内印制、领用、开具、取得、保管、缴销发票的单位和个人(以下称印制、使用发票的单位和个人),必须遵守本办法。

第三条 本办法所称发票,是指在购销商品、提供或者接受服务以及从事其他经营活动中,开具、收取的收付款凭证。

发票包括纸质发票和电子发票。电子发票与纸质发票具有同等法律效力。国家积极推广使用电子发票。

第四条 发票管理工作应当坚持和加强党的领导,为经济社会发展服务。

国务院税务主管部门统一负责全国的发票管理工作。省、自治区、直辖市税务机关依据职责做好本行政区域内的发票管理工作。

财政、审计、市场监督管理、公安等有关部门在各自的职责范围内,配合税务机关做好发票管理工作。

第五条 发票的种类、联次、内容、编码规则、数据标准、使用范围等具体管理办法由国务院税务主管部门规定。

第六条 对违反发票管理法规的行为,任何单位和个人可以举报。税务机关应当为检举人保密,并酌情给予奖励。

第二章 发票的印制

第七条 增值税专用发票由国务院税务主管部门确定的企业印制;其他发票,按照国务院税务主管部门的规定,由省、自治区、直辖市税务机关确定的企业印制。禁止私自印制、伪造、变造发票。

第八条 印制发票的企业应当具备下列条件:

(一)取得印刷经营许可证和营业执照;

(二)设备、技术水平能够满足印制发票的需要;

(三)有健全的财务制度和严格的质量监督、安全管理、保密制度。

税务机关应当按照政府采购有关规定确定印制发票的企业。

第九条 印制发票应当使用国务院税务主管部门确定的全国统一的发票防伪专用品。禁止非法制造发票防伪专用品。

第十条 发票应当套印全国统一发票监制章。全国统一发票监制章的式样和发票版面印刷的要求,由国务院税务主管部门规定。发票监制章由省、自治区、直辖市税务机关制作。禁止伪造发票监制章。

发票实行不定期换版制度。

第十一条 印制发票的企业按照税务机关的统一规定,建立发票印制管理制度和保管措施。

发票监制章和发票防伪专用品的使用和管理实行专人负责制度。

第十二条 印制发票的企业必须按照税务机关确定的式样和数量印制

发票。

第十三条 发票应当使用中文印制。民族自治地方的发票，可以加印当地一种通用的民族文字。有实际需要的，也可以同时使用中外两种文字印制。

第十四条 各省、自治区、直辖市内的单位和个人使用的发票，除增值税专用发票外，应当在本省、自治区、直辖市内印制；确有必要到外省、自治区、直辖市印制的，应当由省、自治区、直辖市税务机关商印制地省、自治区、直辖市税务机关同意后确定印制发票的企业。

禁止在境外印制发票。

第三章 发票的领用

第十五条 需要领用发票的单位和个人，应当持设立登记证件或者税务登记证件，以及经办人身份证明，向主管税务机关办理发票领用手续。领用纸质发票的，还应当提供按照国务院税务主管部门规定式样制作的发票专用章的印模。主管税务机关根据领用单位和个人的经营范围、规模和风险等级，在5个工作日内确认领用发票的种类、数量以及领用方式。

单位和个人领用发票时，应当按照税务机关的规定报告发票使用情况，税务机关应当按照规定进行查验。

第十六条 需要临时使用发票的单位和个人，可以凭购销商品、提供或者接受服务以及从事其他经营活动的书面证明、经办人身份证明，直接向经营地税务机关申请代开发票。依照税收法律、行政法规规定应当缴纳税款的，税务机关应当先征收税款，再开具发票。税务机关根据发票管理的需要，可以按照国务院税务主管部门的规定委托其他单位代开发票。

禁止非法代开发票。

第十七条 临时到本省、自治区、直辖市以外从事经营活动的单位或者个人，应当凭所在地税务机关的证明，向经营地税务机关领用经营地的发票。

临时在本省、自治区、直辖市以内跨市、县从事经营活动领用发票的办法，由省、自治区、直辖市税务机关规定。

第四章 发票的开具和保管

第十八条 销售商品、提供服务以及从事其他经营活动的单位和个人，对外发生经营业务收取款项,收款方应当向付款方开具发票;特殊情况下,由付款方向收款方开具发票。

第十九条 所有单位和从事生产、经营活动的个人在购买商品、接受服务以及从事其他经营活动支付款项,应当向收款方取得发票。取得发票时,不得要求变更品名和金额。

第二十条 不符合规定的发票,不得作为财务报销凭证,任何单位和个人有权拒收。

第二十一条 开具发票应当按照规定的时限、顺序、栏目,全部联次一次性如实开具,开具纸质发票应当加盖发票专用章。

任何单位和个人不得有下列虚开发票行为:

(一)为他人、为自己开具与实际经营业务情况不符的发票;

(二)让他人为自己开具与实际经营业务情况不符的发票;

(三)介绍他人开具与实际经营业务情况不符的发票。

第二十二条 安装税控装置的单位和个人,应当按照规定使用税控装置开具发票,并按期向主管税务机关报送开具发票的数据。

使用非税控电子器具开具发票的,应当将非税控电子器具使用的软件程序说明资料报主管税务机关备案,并按照规定保存、报送开具发票的数据。

单位和个人开发电子发票信息系统自用或者为他人提供电子发票服务的,应当遵守国务院税务主管部门的规定。

第二十三条 任何单位和个人应当按照发票管理规定使用发票,不得有下列行为:

(一)转借、转让、介绍他人转让发票、发票监制章和发票防伪专用品;

(二)知道或者应当知道是私自印制、伪造、变造、非法取得或者废止的发票而受让、开具、存放、携带、邮寄、运输;

(三)拆本使用发票;

(四)扩大发票使用范围;

(五)以其他凭证代替发票使用;

(六)窃取、截留、篡改、出售、泄露发票数据。

税务机关应当提供查询发票真伪的便捷渠道。

第二十四条 除国务院税务主管部门规定的特殊情形外,纸质发票限于领用单位和个人在本省、自治区、直辖市内开具。

省、自治区、直辖市税务机关可以规定跨市、县开具纸质发票的办法。

第二十五条 除国务院税务主管部门规定的特殊情形外，任何单位和个人不得跨规定的使用区域携带、邮寄、运输空白发票。

禁止携带、邮寄或者运输空白发票出入境。

第二十六条 开具发票的单位和个人应当建立发票使用登记制度，配合税务机关进行身份验证，并定期向主管税务机关报告发票使用情况。

第二十七条 开具发票的单位和个人应当在办理变更或者注销税务登记的同时，办理发票的变更、缴销手续。

第二十八条 开具发票的单位和个人应当按照国家有关规定存放和保管发票，不得擅自损毁。已经开具的发票存根联，应当保存5年。

第五章 发票的检查

第二十九条 税务机关在发票管理中有权进行下列检查：

（一）检查印制、领用、开具、取得、保管和缴销发票的情况；

（二）调出发票查验；

（三）查阅、复制与发票有关的凭证、资料；

（四）向当事各方询问与发票有关的问题和情况；

（五）在查处发票案件时，对与案件有关的情况和资料，可以记录、录音、录像、照像和复制。

第三十条 印制、使用发票的单位和个人，必须接受税务机关依法检查，如实反映情况，提供有关资料，不得拒绝、隐瞒。

税务人员进行检查时，应当出示税务检查证。

第三十一条 税务机关需要将已开具的发票调出查验时，应当向被查验的单位和个人开具发票换票证。发票换票证与所调出查验的发票有同等的效力。被调出查验发票的单位和个人不得拒绝接受。

税务机关需要将空白发票调出查验时，应当开具收据；经查无问题的，应当及时返还。

第三十二条 单位和个人从中国境外取得的与纳税有关的发票或者凭

证，税务机关在纳税审查时有疑义的，可以要求其提供境外公证机构或者注册会计师的确认证明，经税务机关审核认可后，方可作为记账核算的凭证。

第六章 罚 则

第三十三条 违反本办法的规定，有下列情形之一的，由税务机关责令改正，可以处 1 万元以下的罚款；有违法所得的予以没收：

（一）应当开具而未开具发票，或者未按照规定的时限、顺序、栏目，全部联次一次性开具发票，或者未加盖发票专用章的；

（二）使用税控装置开具发票，未按期向主管税务机关报送开具发票的数据的；

（三）使用非税控电子器具开具发票，未将非税控电子器具使用的软件程序说明资料报主管税务机关备案，或者未按照规定保存、报送开具发票的数据的；

（四）拆本使用发票的；

（五）扩大发票使用范围的；

（六）以其他凭证代替发票使用的；

（七）跨规定区域开具发票的；

（八）未按照规定缴销发票的；

（九）未按照规定存放和保管发票的。

第三十四条 跨规定的使用区域携带、邮寄、运输空白发票，以及携带、邮寄或者运输空白发票出入境的，由税务机关责令改正，可以处 1 万元以下的罚款；情节严重的，处 1 万元以上 3 万元以下的罚款；有违法所得的予以没收。

丢失发票或者擅自损毁发票的，依照前款规定处罚。

第三十五条 违反本办法的规定虚开发票的，由税务机关没收违法所得；虚开金额在 1 万元以下的，可以并处 5 万元以下的罚款；虚开金额超过 1 万元的，并处 5 万元以上 50 万元以下的罚款；构成犯罪的，依法追究刑事责任。

非法代开发票的，依照前款规定处罚。

第三十六条 私自印制、伪造、变造发票，非法制造发票防伪专用品，伪造发票监制章，窃取、截留、篡改、出售、泄露发票数据的，由税务机关没收违法所得,没收、销毁作案工具和非法物品,并处1万元以上5万元以下的罚款;情节严重的,并处5万元以上50万元以下的罚款;构成犯罪的,依法追究刑事责任。

前款规定的处罚,《中华人民共和国税收征收管理法》有规定的,依照其规定执行。

第三十七条 有下列情形之一的,由税务机关处1万元以上5万元以下的罚款;情节严重的,处5万元以上50万元以下的罚款;有违法所得的予以没收:

(一)转借、转让、介绍他人转让发票、发票监制章和发票防伪专用品的;

(二)知道或者应当知道是私自印制、伪造、变造、非法取得或者废止的发票而受让、开具、存放、携带、邮寄、运输的。

第三十八条 对违反发票管理规定2次以上或者情节严重的单位和个人,税务机关可以向社会公告。

第三十九条 违反发票管理法规,导致其他单位或者个人未缴、少缴或者骗取税款的,由税务机关没收违法所得,可以并处未缴、少缴或者骗取的税款1倍以下的罚款。

第四十条 当事人对税务机关的处罚决定不服的,可以依法申请行政复议或者向人民法院提起行政诉讼。

第四十一条 税务人员利用职权之便,故意刁难印制、使用发票的单位和个人,或者有违反发票管理法规行为的,依照国家有关规定给予处分;构成犯罪的,依法追究刑事责任。

第七章 附 则

第四十二条 国务院税务主管部门可以根据有关行业特殊的经营方式和业务需求,会同国务院有关主管部门制定该行业的发票管理办法。

国务院税务主管部门可以根据增值税专用发票管理的特殊需要,制定增值税专用发票的具体管理办法。

第四十三条 本办法自发布之日起施行。财政部1986年发布的《全国发票管理暂行办法》和原国家税务局1991年发布的《关于对外商投资企业和外国企业发票管理的暂行规定》同时废止。

中华人民共和国
发票管理办法实施细则

（2011年2月14日国家税务总局令第25号公布　根据2014年12月27日国家税务总局令第37号《关于修改〈中华人民共和国发票管理办法实施细则〉的决定》第一次修正　根据2018年6月15日国家税务总局令第44号《关于修改部分税务部门规章的决定》第二次修正　根据2019年7月24日国家税务总局令第48号《关于公布取消一批税务证明事项以及废止和修改部分规章规范性文件的决定》第三次修正　根据2024年1月15日国家税务总局令第56号《关于修改〈中华人民共和国发票管理办法实施细则〉的决定》第四次修正）

第一章　总　　则

第一条　根据《中华人民共和国发票管理办法》（以下简称《办法》）规定，制定本实施细则。

第二条　在全国范围内统一式样的发票，由国家税务总局确定。

在省、自治区、直辖市范围内统一式样的发票，由省、自治区、直辖市税务局（以下简称省税务局）确定。

第三条　《办法》第三条所称电子发票是指在购销商品、提供或者接受服务以及从事其他经营活动中，按照税务机关发票管理规定以数据电文形式开具、收取的收付款凭证。

电子发票与纸质发票的法律效力相同,任何单位和个人不得拒收。

第四条 税务机关建设电子发票服务平台,为用票单位和个人提供数字化等形态电子发票开具、交付、查验等服务。

第五条 税务机关应当按照法律、行政法规的规定,建立健全发票数据安全管理制度,保障发票数据安全。

单位和个人按照国家税务总局有关规定开展发票数据处理活动,依法承担发票数据安全保护义务,不得超过规定的数量存储发票数据,不得违反规定使用、非法出售或非法向他人提供发票数据。

第六条 纸质发票的基本联次包括存根联、发票联、记账联。存根联由收款方或开票方留存备查;发票联由付款方或受票方作为付款原始凭证;记账联由收款方或开票方作为记账原始凭证。

省以上税务机关可根据纸质发票管理情况以及纳税人经营业务需要,增减除发票联以外的其他联次,并确定其用途。

第七条 发票的基本内容包括:发票的名称、发票代码和号码、联次及用途、客户名称、开户银行及账号、商品名称或经营项目、计量单位、数量、单价、大小写金额、税率(征收率)、税额、开票人、开票日期、开票单位(个人)名称(章)等。

省以上税务机关可根据经济活动以及发票管理需要,确定发票的具体内容。

第八条 领用发票单位可以书面向税务机关要求使用印有本单位名称的发票,税务机关依据《办法》第十五条的规定,确认印有该单位名称发票的种类和数量。

第二章 发票的印制

第九条 税务机关根据政府采购合同和发票防伪用品管理要求对印制发票企业实施监督管理。

第十条 全国统一的纸质发票防伪措施由国家税务总局确定,省税务局可以根据需要增加本地区的纸质发票防伪措施,并向国家税务总局备案。

纸质发票防伪专用品应当按照规定专库保管,不得丢失。次品、废品应当在税务机关监督下集中销毁。

第十一条 全国统一发票监制章是税务机关管理发票的法定标志,其形状、规格、内容、印色由国家税务总局规定。

第十二条 全国范围内发票换版由国家税务总局确定;省、自治区、直辖市范围内发票换版由省税务局确定。

发票换版时,应当进行公告。

第十三条 监制发票的税务机关根据需要下达发票印制通知书,印制企业必须按照要求印制。

发票印制通知书应当载明印制发票企业名称、用票单位名称、发票名称、发票代码、种类、联次、规格、印色、印制数量、起止号码、交货时间、地点等内容。

第十四条 印制发票企业印制完毕的成品应当按照规定验收后专库保管,不得丢失。废品应当及时销毁。

第三章 发票的领用

第十五条 《办法》第十五条所称经办人身份证明是指经办人的居民身份证、护照或者其他能证明经办人身份的证件。

第十六条 《办法》第十五条所称发票专用章是指领用发票单位和个人在其开具纸质发票时加盖的有其名称、统一社会信用代码或者纳税人识别号、发票专用章字样的印章。

发票专用章式样由国家税务总局确定。

第十七条 税务机关对领用纸质发票单位和个人提供的发票专用章的印模应当留存备查。

第十八条 《办法》第十五条所称领用方式是指批量供应、交旧领新、验旧领新、额度确定等方式。

税务机关根据单位和个人的税收风险程度、纳税信用级别、实际经营情况确定或调整其领用发票的种类、数量、额度以及领用方式。

第十九条 《办法》第十五条所称发票使用情况是指发票领用存情况及相关开票数据。

第二十条 《办法》第十六条所称书面证明是指有关业务合同、协议或者税务机关认可的其他资料。

第二十一条 税务机关应当与受托代开发票的单位签订协议,明确代开发票的种类、对象、内容和相关责任等内容。

第四章 发票的开具和保管

第二十二条 《办法》第十八条所称特殊情况下,由付款方向收款方开具发票,是指下列情况:

(一)收购单位和扣缴义务人支付个人款项时;

(二)国家税务总局认为其他需要由付款方向收款方开具发票的。

第二十三条 向消费者个人零售小额商品或者提供零星服务的,是否可免予逐笔开具发票,由省税务局确定。

第二十四条 填开发票的单位和个人必须在发生经营业务确认营业收入时开具发票。未发生经营业务一律不准开具发票。

第二十五条 《办法》第十九条规定的不得变更金额,包括不得变更涉及金额计算的单价和数量。

第二十六条 开具纸质发票后,如发生销售退回、开票有误、应税服务中止等情形,需要作废发票的,应当收回原发票全部联次并注明“作废”字样后作废发票。

开具纸质发票后,如发生销售退回、开票有误、应税服务中止、销售折让等情形,需要开具红字发票的,应当收回原发票全部联次并注明“红冲”字样后开具红字发票。无法收回原发票全部联次的,应当取得对方有效证明后开具红字发票。

第二十七条 开具电子发票后,如发生销售退回、开票有误、应税服务中止、销售折让等情形的,应当按照规定开具红字发票。

第二十八条 单位和个人在开具发票时,应当填写项目齐全,内容真实。

开具纸质发票应当按照发票号码顺序填开,字迹清楚,全部联次一次打印,内容完全一致,并在发票联和抵扣联加盖发票专用章。

第二十九条 《办法》第二十一条所称与实际经营业务情况不符是指具

有下列行为之一的：

（一）未购销商品、未提供或者接受服务、未从事其他经营活动，而开具或取得发票；

（二）有购销商品、提供或者接受服务、从事其他经营活动，但开具或取得的发票载明的购买方、销售方、商品名称或经营项目、金额等与实际情况不符。

第三十条 开具发票应当使用中文。民族自治地方可以同时使用当地通用的一种民族文字。

第三十一条 单位和个人向委托人提供发票领用、开具等服务，应当接受税务机关监管，所存储发票数据的最大数量应当符合税务机关的规定。

第三十二条 开发电子发票信息系统为他人提供发票数据查询、下载、存储、使用等涉税服务的，应当符合税务机关的数据标准和管理规定，并与委托人签订协议，不得超越授权范围使用发票数据。

第三十三条 《办法》第二十五条所称规定的使用区域是指国家税务总局和省税务局规定的区域。

第三十四条 《办法》第二十六条所称身份验证是指单位和个人在领用、开具、代开发票时，其经办人应当实名办税。

第三十五条 使用纸质发票的单位和个人应当妥善保管发票。发生发票丢失情形时，应当于发现丢失当日书面报告税务机关。

第五章 发票的检查

第三十六条 税务机关在发票检查中，可以对发票数据进行提取、调出、查阅、复制。

第三十七条 《办法》第三十一条所称发票换票证仅限于在本县（市）范围内使用。需要调出外县（市）的发票查验时，应当提请该县（市）税务机关调取发票。

第三十八条 用票单位和个人有权申请税务机关对发票的真伪进行鉴别。收到申请的税务机关应当受理并负责鉴别发票的真伪；鉴别有困难的，可以提请发票监制税务机关协助鉴别。

在伪造、变造现场以及买卖地、存放地查获的发票，由当地税务机关鉴别。

第六章 罚 则

第三十九条 税务机关对违反发票管理法规的行为依法进行处罚的，由县以上税务机关决定；罚款额在2000元以下的，可由税务所决定。

第四十条 《办法》第三十三条第六项规定以其他凭证代替发票使用的，包括：

（一）应当开具发票而未开具发票，以其他凭证代替发票使用；

（二）应当取得发票而未取得发票，以发票外的其他凭证或者自制凭证用于抵扣税款、出口退税、税前扣除和财务报销；

（三）取得不符合规定的发票，用于抵扣税款、出口退税、税前扣除和财务报销。

构成逃避缴纳税款、骗取出口退税、虚开发票的，按照《中华人民共和国税收征收管理法》《办法》相关规定执行。

第四十一条 《办法》第三十八条所称的公告是指，税务机关应当在办税场所或者广播、电视、报纸、期刊、网络等新闻媒体上公告纳税人发票违法的情况。公告内容包括：纳税人名称、统一社会信用代码或者纳税人识别号、经营地点、违反发票管理法规的具体情况。

第四十二条 对违反发票管理法规情节严重构成犯罪的，税务机关应当依法移送司法机关处理。

第七章 附 则

第四十三条 计划单列市税务局参照《办法》中省、自治区、直辖市税务局的职责做好发票管理工作。

第四十四条 本实施细则自2011年2月1日起施行。

税务登记管理办法

（2003年12月17日国家税务总局令第7号公布 根据2014年12月27日国家税务总局令第36号《关于修改〈税务登记管理办法〉的决定》第一次修正 根据2018年6月15日国家税务总局令第44号《关于修改部分税务部门规章的决定》第二次修正 根据2019年7月24日国家税务总局令第48号《关于公布取消一批税务证明事项以及废止和修改部分规章规范性文件的决定》第三次修正）

第一章 总 则

第一条 为了规范税务登记管理，加强税源监控，根据《中华人民共和国税收征收管理法》（以下简称《税收征管法》）以及《中华人民共和国税收征收管理法实施细则》（以下简称《实施细则》）的规定，制定本办法。

第二条 企业，企业在外地设立的分支机构和从事生产、经营的场所，个体工商户和从事生产、经营的事业单位，均应当按照《税收征管法》及《实施细则》和本办法的规定办理税务登记。

前款规定以外的纳税人，除国家机关、个人和无固定生产、经营场所的流动性农村小商贩外，也应当按照《税收征管法》及《实施细则》和本办法的规定办理税务登记。

根据税收法律、行政法规的规定负有扣缴税款义务的扣缴义务人（国家机关除外），应当按照《税收征管法》及《实施细则》和本办法的规定办理扣缴税款登记。

第三条 县以上(含本级,下同)税务局(分局)是税务登记的主管税务机关,负责税务登记的设立登记、变更登记、注销登记和税务登记证验证、换证以及非正常户处理、报验登记等有关事项。

第四条 税务登记证件包括税务登记证及其副本、临时税务登记证及其副本。

扣缴税款登记证件包括扣缴税款登记证及其副本。

第五条 县以上税务局(分局)按照国务院规定的税收征收管理范围,实施属地管理。有条件的城市,可以按照"各区分散受理、全市集中处理"的原则办理税务登记。

第六条 税务局(分局)执行统一纳税人识别号。纳税人识别号由省、自治区、直辖市和计划单列市税务局按照纳税人识别号代码行业标准联合编制,统一下发各地执行。

已领取组织机构代码的纳税人,其纳税人识别号共15位,由纳税人登记所在地6位行政区划码+9位组织机构代码组成。以业主身份证件为有效身份证明的组织,即未取得组织机构代码证书的个体工商户以及持回乡证、通行证、护照办理税务登记的纳税人,其纳税人识别号由身份证件号码+2位顺序码组成。

纳税人识别号具有唯一性。

第七条 纳税人办理下列事项时,必须提供税务登记证件:

(一)开立银行账户;

(二)领购发票。

纳税人办理其他税务事项时,应当出示税务登记证件,经税务机关核准相关信息后办理手续。

第二章 设立登记

第八条 企业,企业在外地设立的分支机构和从事生产、经营的场所,个体工商户和从事生产、经营的事业单位(以下统称从事生产、经营的纳税人),向生产、经营所在地税务机关申报办理税务登记:

(一)从事生产、经营的纳税人领取工商营业执照的,应当自领取工商营

业执照之日起30日内申报办理税务登记,税务机关发放税务登记证及副本;

(二)从事生产、经营的纳税人未办理工商营业执照但经有关部门批准设立的,应当自有关部门批准设立之日起30日内申报办理税务登记,税务机关发放税务登记证及副本;

(三)从事生产、经营的纳税人未办理工商营业执照也未经有关部门批准设立的,应当自纳税义务发生之日起30日内申报办理税务登记,税务机关发放临时税务登记证及副本;

(四)有独立的生产经营权、在财务上独立核算并定期向发包人或者出租人上交承包费或租金的承包承租人,应当自承包承租合同签订之日起30日内,向其承包承租业务发生地税务机关申报办理税务登记,税务机关发放临时税务登记证及副本;

(五)境外企业在中国境内承包建筑、安装、装配、勘探工程和提供劳务的,应当自项目合同或协议签订之日起30日内,向项目所在地税务机关申报办理税务登记,税务机关发放临时税务登记证及副本。

第九条 本办法第八条规定以外的其他纳税人,除国家机关、个人和无固定生产、经营场所的流动性农村小商贩外,均应当自纳税义务发生之日起30日内,向纳税义务发生地税务机关申报办理税务登记,税务机关发放税务登记证及副本。

第十条 税务机关对纳税人税务登记地点发生争议的,由其共同的上级税务机关指定管辖。

第十一条 纳税人在申报办理税务登记时,应当根据不同情况向税务机关如实提供以下证件和资料:

(一)工商营业执照或其他核准执业证件;

(二)有关合同、章程、协议书;

(三)组织机构统一代码证书;

(四)法定代表人或负责人或业主的居民身份证、护照或者其他合法证件。

其他需要提供的有关证件、资料,由省、自治区、直辖市税务机关确定。

第十二条 纳税人在申报办理税务登记时,应当如实填写税务登记表。

税务登记表的主要内容包括：

（一）单位名称、法定代表人或者业主姓名及其居民身份证、护照或者其他合法证件的号码；

（二）住所、经营地点；

（三）登记类型；

（四）核算方式；

（五）生产经营方式；

（六）生产经营范围；

（七）注册资金（资本）、投资总额；

（八）生产经营期限；

（九）财务负责人、联系电话；

（十）国家税务总局确定的其他有关事项。

第十三条 纳税人提交的证件和资料齐全且税务登记表的填写内容符合规定的，税务机关应当日办理并发放税务登记证件。纳税人提交的证件和资料不齐全或税务登记表的填写内容不符合规定的，税务机关应当场通知其补正或重新填报。

第十四条 税务登记证件的主要内容包括：纳税人名称、税务登记代码、法定代表人或负责人、生产经营地址、登记类型、核算方式、生产经营范围（主营、兼营）、发证日期、证件有效期等。

第十五条 已办理税务登记的扣缴义务人应当自扣缴义务发生之日起30日内，向税务登记地税务机关申报办理扣缴税款登记。税务机关在其税务登记证件上登记扣缴税款事项，税务机关不再发放扣缴税款登记证件。

根据税收法律、行政法规的规定可不办理税务登记的扣缴义务人，应当自扣缴义务发生之日起30日内，向机构所在地税务机关申报办理扣缴税款登记。税务机关发放扣缴税款登记证件。

第三章 变更登记

第十六条 纳税人税务登记内容发生变化的，应当向原税务登记机关申报办理变更税务登记。

第十七条 纳税人已在工商行政管理机关办理变更登记的，应当自工商行政管理机关变更登记之日起30日内，向原税务登记机关如实提供下列证件、资料，申报办理变更税务登记：

（一）工商登记变更表；

（二）纳税人变更登记内容的有关证明文件；

（三）税务机关发放的原税务登记证件（登记证正、副本和登记表等）；

（四）其他有关资料。

第十八条 纳税人按照规定不需要在工商行政管理机关办理变更登记，或者其变更登记的内容与工商登记内容无关的，应当自税务登记内容实际发生变化之日起30日内，或者自有关机关批准或者宣布变更之日起30日内，持下列证件到原税务登记机关申报办理变更税务登记：

（一）纳税人变更登记内容的有关证明文件；

（二）税务机关发放的原税务登记证件（登记证正、副本和税务登记表等）；

（三）其他有关资料。

第十九条 纳税人提交的有关变更登记的证件、资料齐全的，应如实填写税务登记变更表，符合规定的，税务机关应当日办理；不符合规定的，税务机关应通知其补正。

第二十条 税务机关应当于受理当日办理变更税务登记。纳税人税务登记表和税务登记证中的内容都发生变更的，税务机关按变更后的内容重新发放税务登记证件；纳税人税务登记表的内容发生变更而税务登记证中的内容未发生变更的，税务机关不重新发放税务登记证件。

第四章 停业、复业登记

第二十一条 实行定期定额征收方式的个体工商户需要停业的，应当在停业前向税务机关申报办理停业登记。纳税人的停业期限不得超过一年。

第二十二条 纳税人在申报办理停业登记时，应如实填写停业复业报告书，说明停业理由、停业期限、停业前的纳税情况和发票的领、用、存情况，并结清应纳税款、滞纳金、罚款。税务机关应收存其税务登记证件及副本、发票领购簿、未使用完的发票和其他税务证件。

第二十三条 纳税人在停业期间发生纳税义务的,应当按照税收法律、行政法规的规定申报缴纳税款。

第二十四条 纳税人应当于恢复生产经营之前,向税务机关申报办理复业登记,如实填写《停业复业报告书》,领回并启用税务登记证件、发票领购簿及其停业前领购的发票。

第二十五条 纳税人停业期满不能及时恢复生产经营的,应当在停业期满前到税务机关办理延长停业登记,并如实填写《停业复业报告书》。

第五章 注销登记

第二十六条 纳税人发生解散、破产、撤销以及其他情形,依法终止纳税义务的,应当在向工商行政管理机关或者其他机关办理注销登记前,持有关证件和资料向原税务登记机关申报办理注销税务登记;按规定不需要在工商行政管理机关或者其他机关办理注册登记的,应当自有关机关批准或者宣告终止之日起15日内,持有关证件和资料向原税务登记机关申报办理注销税务登记。

纳税人被工商行政管理机关吊销营业执照或者被其他机关予以撤销登记的,应当自营业执照被吊销或者被撤销登记之日起15日内,向原税务登记机关申报办理注销税务登记。

第二十七条 纳税人因住所、经营地点变动,涉及改变税务登记机关的,应当在向工商行政管理机关或者其他机关申请办理变更、注销登记前,或者住所、经营地点变动前,持有关证件和资料,向原税务登记机关申报办理注销税务登记,并自注销税务登记之日起30日内向迁达地税务机关申报办理税务登记。

第二十八条 境外企业在中国境内承包建筑、安装、装配、勘探工程和提供劳务的,应当在项目完工、离开中国前15日内,持有关证件和资料,向原税务登记机关申报办理注销税务登记。

第二十九条 纳税人办理注销税务登记前,应当向税务机关提交相关证明文件和资料,结清应纳税款、多退(免)税款、滞纳金和罚款,缴销发票、税务登记证件和其他税务证件,经税务机关核准后,办理注销税务登记手续。

第六章 外出经营报验登记

第三十条 纳税人到外县(市)临时从事生产经营活动的,应当在外出生产经营以前,持税务登记证到主管税务机关开具《外出经营活动税收管理证明》(以下简称《外管证》)。

第三十一条 税务机关按照一地一证的原则,发放《外管证》,《外管证》的有效期限一般为30日,最长不得超过180天。

第三十二条 纳税人应当在《外管证》注明地进行生产经营前向当地税务机关报验登记,并提交下列证件、资料:

(一)税务登记证件副本;

(二)《外管证》。

纳税人在《外管证》注明地销售货物的,除提交以上证件、资料外,应如实填写《外出经营货物报验单》,申报查验货物。

第三十三条 纳税人外出经营活动结束,应当向经营地税务机关填报《外出经营活动情况申报表》,并结清税款、缴销发票。

第三十四条 纳税人应当在《外管证》有效期届满后10日内,持《外管证》回原税务登记地税务机关办理《外管证》缴销手续。

第七章 证照管理

第三十五条 税务机关应当加强税务登记证件的管理,采取实地调查、上门验证等方法进行税务登记证件的管理。

第三十六条 税务登记证式样改变,需统一换发税务登记证的,由国家税务总局确定。

第三十七条 纳税人、扣缴义务人遗失税务登记证件的,应当自遗失税务登记证件之日起15日内,书面报告主管税务机关,如实填写《税务登记证件遗失报告表》,并将纳税人的名称、税务登记证件名称、税务登记证件号码、税务登记证件有效期、发证机关名称在税务机关认可的报刊上作遗失声明,凭报刊上刊登的遗失声明到主管税务机关补办税务登记证件。

第八章　非正常户处理

第三十八条　已办理税务登记的纳税人未按照规定的期限申报纳税,在税务机关责令其限期改正后,逾期不改正的,税务机关应当派员实地检查,查无下落并且无法强制其履行纳税义务的,由检查人员制作非正常户认定书,存入纳税人档案,税务机关暂停其税务登记证件、发票领购簿和发票的使用。

第三十九条　纳税人被列入非正常户超过三个月的,税务机关可以宣布其税务登记证件失效,其应纳税款的追征仍按《税收征管法》及其《实施细则》的规定执行。

第九章　法 律 责 任

第四十条　纳税人不办理税务登记的,税务机关应当自发现之日起3日内责令其限期改正;逾期不改正的,依照《税收征管法》第六十条第一款的规定处罚。

第四十一条　纳税人通过提供虚假的证明资料等手段,骗取税务登记证的,处2000元以下的罚款;情节严重的,处2000元以上10000元以下的罚款。纳税人涉嫌其他违法行为的,按有关法律、行政法规的规定处理。

第四十二条　扣缴义务人未按照规定办理扣缴税款登记的,税务机关应当自发现之日起3日内责令其限期改正,并可处以1000元以下的罚款。

第四十三条　纳税人、扣缴义务人违反本办法规定,拒不接受税务机关处理的,税务机关可以收缴其发票或者停止向其发售发票。

第四十四条　税务人员徇私舞弊或者玩忽职守,违反本办法规定为纳税人办理税务登记相关手续,或者滥用职权,故意刁难纳税人、扣缴义务人的,调离工作岗位,并依法给予行政处分。

第十章　附　　则

第四十五条　本办法涉及的标识、戳记和文书式样，由国家税务总局确定。

第四十六条　本办法由国家税务总局负责解释。各省、自治区、直辖市和计划单列市税务局可根据本办法制定具体的实施办法。

第四十七条　本办法自2004年2月1日起施行。

税收票证管理办法

（2013年2月25日国家税务总局令第28号公布　根据2019年7月24日国家税务总局令第48号《关于公布取消一批税务证明事项以及废止和修改部分规章规范性文件的决定》修正）

第一章　总　　则

第一条　为了规范税收票证管理工作，保证国家税收收入的安全完整，维护纳税人合法权益，适应税收信息化发展需要，根据《中华人民共和国税收征收管理法》及其实施细则等法律法规，制定本办法。

第二条　税务机关、税务人员、纳税人、扣缴义务人、代征代售人和税收票证印制企业在中华人民共和国境内印制、使用、管理税收票证，适用本办法。

第三条　本办法所称税收票证，是指税务机关、扣缴义务人依照法律法规，代征代售人按照委托协议，征收税款、基金、费、滞纳金、罚没款等各项收入(以下统称税款)的过程中,开具的收款、退款和缴库凭证。税收票证是纳税人实际缴纳税款或者收取退还税款的法定证明。

税收票证包括纸质形式和数据电文形式。数据电文税收票证是指通过横向联网电子缴税系统办理税款的征收缴库、退库时,向银行、国库发送的电子缴款、退款信息。

第四条 国家积极推广以横向联网电子缴税系统为依托的数据电文税收票证的使用工作。

第五条 税务机关、代征代售人征收税款时应当开具税收票证。通过横向联网电子缴税系统完成税款的缴纳或者退还后,纳税人需要纸质税收票证的,税务机关应当开具。

扣缴义务人代扣代收税款时,纳税人要求扣缴义务人开具税收票证的,扣缴义务人应当开具。

第六条 税收票证的基本要素包括:税收票证号码、征收单位名称、开具日期、纳税人名称、纳税人识别号、税种(费、基金、罚没款)、金额、所属时期等。

第七条 纸质税收票证的基本联次包括收据联、存根联、报查联。收据联交纳税人作完税凭证;存根联由税务机关、扣缴义务人、代征代售人留存;报查联由税务机关做会计凭证或备查。

省、自治区、直辖市和计划单列市(以下简称省)税务机关可以根据税收票证管理情况,确定除收据联以外的税收票证启用联次。

第八条 国家税务总局统一负责全国的税收票证管理工作。其职责包括:

(一)设计和确定税收票证的种类、适用范围、联次、内容、式样及规格;

(二)设计和确定税收票证专用章戳的种类、适用范围、式样及规格;

(三)印制、保管、发运需要全国统一印制的税收票证,刻制需要全国统一制发的税收票证专用章戳;

(四)确定税收票证管理的机构、岗位和职责;

(五)组织、指导和推广税收票证信息化工作;

(六)组织全国税收票证检查工作;

(七)其他全国性的税收票证管理工作。

第九条 省以下税务机关应当依照本办法做好本行政区域内的税收票证管理工作。其职责包括:

（一）负责本级权限范围内的税收票证印制、领发、保管、开具、作废、结报缴销、停用、交回、损失核销、移交、核算、归档、审核、检查、销毁等工作；

（二）指导和监督下级税务机关、扣缴义务人、代征代售人、自行填开税收票证的纳税人税收票证管理工作；

（三）组织、指导、具体实施税收票证信息化工作；

（四）组织税收票证检查工作；

（五）其他税收票证管理工作。

第十条 扣缴义务人和代征代售人在代扣代缴、代收代缴、代征税款以及代售印花税票过程中应当做好税收票证的管理工作。其职责包括：

（一）妥善保管从税务机关领取的税收票证，并按照税务机关要求建立、报送和保管税收票证账簿及有关资料；

（二）为纳税人开具并交付税收票证；

（三）按时解缴税款、结报缴销税收票证；

（四）其他税收票证管理工作。

第十一条 各级税务机关的收入规划核算部门主管税收票证管理工作。

国家税务总局收入规划核算司设立主管税收票证管理工作的机构；省、市（不含县级市，下同）、县税务机关收入规划核算部门应当设置税收票证管理岗位并配备专职税收票证管理人员；直接向税务机关税收票证开具人员、扣缴义务人、代征代售人、自行填开税收票证的纳税人发放税收票证并办理结报缴销等工作的征收分局、税务所、办税服务厅等机构（以下简称基层税务机关）应当设置税收票证管理岗位，由税收会计负责税收票证管理工作。税收票证管理岗位和税收票证开具（含印花税票销售）岗位应当分设，不得一人多岗。

扣缴义务人、代征代售人、自行填开税收票证的纳税人应当由专人负责税收票证管理工作。

第二章 种类和适用范围

第十二条 税收票证包括税收缴款书、税收收入退还书、税收完税证明、出口货物劳务专用税收票证、印花税专用税收票证以及国家税务总局规定的其他税收票证。

第十三条 税收缴款书是纳税人据以缴纳税款，税务机关、扣缴义务人以及代征代售人据以征收、汇总税款的税收票证。具体包括：

（一）《税收缴款书（银行经收专用）》。由纳税人、税务机关、扣缴义务人、代征代售人向银行传递，通过银行划缴税款（出口货物劳务增值税、消费税除外）到国库时使用的纸质税收票证。其适用范围是：

1. 纳税人自行填开或税务机关开具，纳税人据以在银行柜面办理缴税（转账或现金），由银行将税款缴入国库；

2. 税务机关收取现金税款、扣缴义务人扣缴税款、代征代售人代征税款后开具，据以在银行柜面办理税款汇总缴入国库；

3. 税务机关开具，据以办理"待缴库税款"账户款项缴入国库。

（二）《税收缴款书（税务收现专用）》。纳税人以现金、刷卡（未通过横向联网电子缴税系统）方式向税务机关缴纳税款时，由税务机关开具并交付纳税人的纸质税收票证。代征人代征税款时，也应开具本缴款书并交付纳税人。为方便流动性零散税收的征收管理，本缴款书可以在票面印有固定金额，具体面额种类由各省税务机关确定，但是，单种面额不得超过一百元。

（三）《税收缴款书（代扣代收专用）》。扣缴义务人依法履行税款代扣代缴、代收代缴义务时开具并交付纳税人的纸质税收票证。扣缴义务人代扣代收税款后，已经向纳税人开具了税法规定或国家税务总局认可的记载完税情况的其他凭证的，可不再开具本缴款书。

（四）《税收电子缴款书》。税务机关将纳税人、扣缴义务人、代征代售人的电子缴款信息通过横向联网电子缴税系统发送给银行，银行据以划缴税款到国库时，由税收征管系统生成的数据电文形式的税收票证。

第十四条 税收收入退还书是税务机关依法为纳税人从国库办理退税时使用的税收票证。具体包括：

（一）《税收收入退还书》。税务机关向国库传递，依法为纳税人从国库办理退税时使用的纸质税收票证。

（二）《税收收入电子退还书》。税务机关通过横向联网电子缴税系统依法为纳税人从国库办理退税时，由税收征管系统生成的数据电文形式的税收票证。

税收收入退还书应当由县以上税务机关税收会计开具并向国库传递或发送。

第十五条 出口货物劳务专用税收票证是由税务机关开具，专门用于纳税人缴纳出口货物劳务增值税、消费税或者证明该纳税人再销售给其他出口企业的货物已缴纳增值税、消费税的纸质税收票证。具体包括：

（一）《税收缴款书（出口货物劳务专用）》。由税务机关开具，专门用于纳税人缴纳出口货物劳务增值税、消费税时使用的纸质税收票证。纳税人以银行经收方式，税务收现方式，或者通过横向联网电子缴税系统缴纳出口货物劳务增值税、消费税时，均使用本缴款书。纳税人缴纳随出口货物劳务增值税、消费税附征的其他税款时，税务机关应当根据缴款方式，使用其他种类的缴款书，不得使用本缴款书。

（二）《出口货物完税分割单》。已经缴纳出口货物增值税、消费税的纳税人将购进货物再销售给其他出口企业时，为证明所售货物完税情况，便于其他出口企业办理出口退税，到税务机关换开的纸质税收票证。

第十六条 印花税专用税收票证是税务机关或印花税票代售人在征收印花税时向纳税人交付、开具的纸质税收票证。具体包括：

（一）印花税票。印有固定金额，专门用于征收印花税的有价证券。纳税人缴纳印花税，可以购买印花税票贴花缴纳，也可以开具税收缴款书缴纳。采用开具税收缴款书缴纳的，应当将纸质税收缴款书或税收完税证明粘贴在应税凭证上，或者由税务机关在应税凭证上加盖印花税收讫专用章。

（二）《印花税票销售凭证》。税务机关和印花税票代售人销售印花税票时一并开具的专供购买方报销的纸质凭证。

第十七条 税收完税证明是税务机关为证明纳税人已经缴纳税款或者已经退还纳税人税款而开具的纸质税收票证。其适用范围是：

（一）纳税人、扣缴义务人、代征代售人通过横向联网电子缴税系统划缴税款到国库（经收处）后或收到从国库退还的税款后，当场或事后需要取得税收票证的；

（二）扣缴义务人代扣代收税款后，已经向纳税人开具税法规定或国家税务总局认可的记载完税情况的其他凭证，纳税人需要换开正式完税凭证的；

（三）纳税人遗失已完税的各种税收票证（《出口货物完税分割单》、印花税票和《印花税票销售凭证》除外），需要重新开具的；

（四）对纳税人特定期间完税情况出具证明的；

（五）国家税务总局规定的其他需要为纳税人开具完税凭证情形。

税务机关在确保纳税人缴、退税信息全面、准确、完整的条件下，可以开展前款第四项规定的税收完税证明开具工作，具体开具办法由各省税务机关确定。

第十八条 税收票证专用章戳是指税务机关印制税收票证和征、退税款时使用的各种专用章戳，具体包括：

（一）税收票证监制章。套印在税收票证上，用以表明税收票证制定单位和税收票证印制合法性的一种章戳。

（二）征税专用章。税务机关办理税款征收业务，开具税收缴款书、税收完税证明、《印花税销售凭证》等征收凭证时使用的征收业务专用公章。

（三）退库专用章。税务机关办理税款退库业务，开具《税收收入退还书》等退库凭证时使用的，在国库预留印鉴的退库业务专用公章。

（四）印花税收讫专用章。以开具税收缴款书代替贴花缴纳印花税时，加盖在应税凭证上，用以证明应税凭证已完税的专用章戳。

（五）国家税务总局规定的其他税收票证专用章戳。

第十九条 《税收缴款书（税务收现专用）》、《税收缴款书（代扣代收专用）》、《税收缴款书（出口货物劳务专用）》、《出口货物完税分割单》、印花税票和税收完税证明应当视同现金进行严格管理。

第二十条 税收票证应当按规定的适用范围填开，不得混用。

第二十一条 国家税务总局增设或简并税收票证及税收票证专用章戳种类，应当及时向社会公告。

第三章 设计和印制

第二十二条 税收票证及税收票证专用章戳按照税收征收管理和国家预算管理的基本要求设计，具体式样另行制发。

第二十三条 税收票证实行分级印制管理。

《税收缴款书（出口货物劳务专用）》、《出口货物完税分割单》、印花税票以及其他需要全国统一印制的税收票证由国家税务总局确定的企业印制;其他税收票证,按照国家税务总局规定的式样和要求,由各省税务机关确定的企业集中统一印制。

禁止私自印制、倒卖、变造、伪造税收票证。

第二十四条　印制税收票证的企业应当具备下列条件:

(一)取得印刷经营许可证和营业执照;

(二)设备、技术水平能够满足印制税收票证的需要;

(三)有健全的财务制度和严格的质量监督、安全管理、保密制度;

(四)有安全、良好的保管场地和设施。

印制税收票证的企业应当按照税务机关提供的式样、数量等要求印制税收票证,建立税收票证印制管理制度。

税收票证印制合同终止后,税收票证的印制企业应当将有关资料交还委托印制的税务机关,不得保留或提供给其他单位及个人。

第二十五条　税收票证应当套印税收票证监制章。

税收票证监制章由国家税务总局统一制发各省税务机关。

第二十六条　除税收票证监制章外,其他税收票证专用章戳的具体刻制权限由各省税务机关确定。刻制的税收票证专用章戳应当在市以上税务机关留底归档。

第二十七条　税收票证应当使用中文印制。民族自治地方的税收票证,可以加印当地一种通用的民族文字。

第二十八条　负责税收票证印制的税务机关应当对印制完成的税收票证质量、数量进行查验。查验无误的,办理税收票证的印制入库手续;查验不合格的,对不合格税收票证监督销毁。

第四章　使　　用

第二十九条　上、下级税务机关之间,税务机关税收票证开具人员、扣缴义务人、代征代售人、自行填开税收票证的纳税人与税收票证管理人员之间,应当建立税收票证及税收票证专用章戳的领发登记制度,办理领发手续,共同清点、确认领发种类、数量和号码。

税收票证的运输应当确保安全、保密。

数据电文税收票证由税收征管系统自动生成税收票证号码,分配给税收票证开具人员,视同发放。数据电文税收票证不得重复发放、重复开具。

第三十条 税收票证管理人员向税务机关税收票证开具人员、扣缴义务人和代征代售人发放视同现金管理的税收票证时,应当拆包发放,并且一般不得超过一个月的用量。

视同现金管理的税收票证未按照本办法第三十九条规定办理结报的,不得继续发放同一种类的税收票证。

其他种类的税收票证,应当根据领用人的具体使用情况,适度发放。

第三十一条 税务机关、扣缴义务人、代征代售人、自行填开税收票证的纳税人应当妥善保管纸质税收票证及税收票证专用章戳。县以上税务机关应当设置具备安全条件的税收票证专用库房;基层税务机关、扣缴义务人、代征代售人和自行填开税收票证的纳税人应当配备税收票证保险专用箱柜。确有必要外出征收税款的,税收票证及税收票证专用章戳应当随身携带,严防丢失。

第三十二条 税务机关对结存的税收票证应当定期进行盘点,发现结存税收票证实物与账簿记录数量不符的,应当及时查明原因并报告上级或所属税务机关。

第三十三条 税收收入退还书开具人员不得同时从事退库专用章保管或《税收收入电子退还书》复核授权工作。印花税票销售人员不得同时从事印花税收讫专用章保管工作。外出征收税款的,税收票证开具人员不得同时从事现金收款工作。

第三十四条 税收票证应当分纳税人开具;同一份税收票证上,税种(费、基金、罚没款)、税目、预算科目、预算级次、所属时期不同的,应当分行填列。

第三十五条 税收票证栏目内容应当填写齐全、清晰、真实、规范,不得漏填、简写、省略、涂改、挖补、编造;多联式税收票证应当一次全份开具。

第三十六条 因开具错误作废的纸质税收票证,应当在各联注明"作废"字样、作废原因和重新开具的税收票证字轨及号码。《税收缴款书(税务收现专用)》、《税收缴款书(代扣代收专用)》、税收完税证明应当全份保存;

其他税收票证的纳税人所持联次或银行流转联次无法收回的,应当注明原因,并将纳税人出具的情况说明或银行文书代替相关联次一并保存。开具作废的税收票证应当按期与已填用的税收票证一起办理结报缴销手续,不得自行销毁。

税务机关开具税收票证后,纳税人向银行办理缴税前丢失的,税务机关参照前款规定处理。

数据电文税收票证作废的,应当在税收征管系统中予以标识;已经作废的数据电文税收票证号码不得再次使用。

第三十七条 纸质税收票证各联次各种章戳应当加盖齐全。

章戳不得套印,国家税务总局另有规定的除外。

第三十八条 税务机关税收票证开具人员、扣缴义务人、代征代售人、自行填开税收票证的纳税人与税收票证管理人员之间,基层税务机关与上级或所属税务机关之间,应当办理税收票款结报缴销手续。

税务机关税收票证开具人员、扣缴义务人、代征代售人向税收票证管理人员结报缴销视同现金管理的税收票证时,应当将已开具税收票证的存根联、报查联等联次,连同作废税收票证、需交回的税收票证及未开具的税收票证(含未销售印花税票)一并办理结报缴销手续;已开具税收票证只设一联的,税收票证管理人员应当查验其开具情况的电子记录。

其他各种税收票证结报缴销手续的具体要求,由各省税务机关确定。

第三十九条 税收票款应当按照规定的时限办理结报缴销。税务机关税收票证开具人员、代征代售人开具税收票证(含销售印花税票)收取现金税款时,办理结报缴销手续的时限要求是:

(一)当地设有国库经收处的,应于收取税款的当日或次日办理税收票款的结报缴销;

(二)当地未设国库经收处和代征代售人收取现金税款的,由各省税务机关确定办理税收票款结报缴销的期限和额度,并以期限或额度条件先满足之日为准。

扣缴义务人代扣代收税款的,应按税法规定的税款解缴期限一并办理结报缴销。

其他各种税收票证的结报缴销时限、基层税务机关向上级或所属税务机关缴销税收票证的时限,由各省税务机关确定。

第四十条 领发、开具税收票证时,发现多出、短少、污损、残破、错号、印刷字迹不清及联数不全等印制质量不合格情况的,应当查明字轨、号码、数量,清点登记,妥善保管。

全包、全本印制质量不合格的,按照本办法第五十一条规定销毁;全份印制质量不合格的,按开具作废处理。

第四十一条 由于税收政策变动或式样改变等原因,国家税务总局规定停用的税收票证及税收票证专用章戳,应由县以上税务机关集中清理,核对字轨、号码和数量,造册登记,按照本办法第五十一条规定销毁。

第四十二条 未开具税收票证(含未销售印花税票)发生毁损或丢失、被盗、被抢等损失的,受损单位应当及时组织清点核查,并由各级税务机关按照权限进行损失核销审批。《税收缴款书(出口货物劳务专用)》、《出口货物完税分割单》、印花税票发生损失的,由省税务机关审批核销;《税收缴款书(税务收现专用)》、《税收缴款书(代扣代收专用)》、税收完税证明发生损失的,由市税务机关审批核销;其他各种税收票证发生损失的,由县税务机关审批核销。

毁损残票和追回的税收票证按照本办法第五十一条规定销毁。

第四十三条 视同现金管理的未开具税收票证(含未销售印花税票)丢失、被盗、被抢的,受损税务机关应当查明损失税收票证的字轨、号码和数量,立即向当地公安机关报案并报告上级或所属税务机关;经查不能追回的税收票证,除印花税票外,应当及时在办税场所和广播、电视、报纸、期刊、网络等新闻媒体上公告作废。

受损单位为扣缴义务人、代征代售人或税收票证印制企业的,扣缴义务人、代征代售人或税收票证印制企业应当立即报告基层税务机关或委托印制的税务机关,由税务机关按前款规定办理。

对丢失印花税票和印有固定金额的《税收缴款书(税务收现专用)》负有责任的相关人员,税务机关应当要求其按照面额赔偿;对丢失其他视同现金管理的税收票证负有责任的相关人员,税务机关应当要求其适当赔偿。

第四十四条 税收票证专用章戳丢失、被盗、被抢的,受损税务机关应当立即向当地公安机关报案并逐级报告刻制税收票证专用章戳的税务机关;退库专用章丢失、被盗、被抢的,应当同时通知国库部门。重新刻制的税收票证专用章戳应当及时办理留底归档或预留印鉴手续。

毁损和损失追回的税收票证专用章戳按照本办法第五十一条规定销毁。

第四十五条 由于印制质量不合格、停用、毁损、损失追回、领发错误,或者扣缴义务人和代征代售人终止税款征收业务、纳税人停止自行填开税收票证等原因,税收票证及税收票证专用章戳需要交回的,税收票证管理人员应当清点、核对字轨、号码和数量,及时上交至发放或有权销毁税收票证及税收票证专用章戳的税务机关。

第四十六条 纳税人遗失已完税税收票证需要税务机关另行提供的,如税款经核实确已缴纳入库或从国库退还,税务机关应当开具税收完税证明或提供原完税税收票证复印件。

第五章 监督管理

第四十七条 税务机关税收票证开具人员、税收票证管理人员工作变动离岗前,应当办理税收票证、税收票证专用章戳、账簿以及其他税收票证资料的移交。移交时应当有专人监交,监交人、移交人、接管人三方共同签章,票清离岗。

第四十八条 税务机关应当按税收票证种类、领用单位设置税收票证账簿,对各种税收票证的印制、领发、用存、作废、结报缴销、停用、损失、销毁的数量、号码进行及时登记和核算,定期结账。

第四十九条 基层税务机关的税收票证管理人员应当按日对已结报缴销税收票证的完整性、准确性和税收票证管理的规范性进行审核;基层税务机关的上级或所属税务机关税收票证管理人员对基层税务机关缴销的税收票证,应当定期进行复审。

第五十条 税务机关应当及时对已经开具、作废的税收票证、账簿以及其他税收票证资料进行归档保存。

纸质税收票证、账簿以及其他税收票证资料,应当整理装订成册,保存期限五年;作为会计凭证的纸质税收票证保存期限十五年。

数据电文税收票证、账簿以及其他税收票证资料,应当通过光盘等介质进行存储，确保数据电文税收票证信息的安全、完整，保存时间和具体办法另行制定。

第五十一条　未填用的《税收缴款书（出口货物劳务专用）》、《出口货物完税分割单》、印花税票需要销毁的，应当由两人以上共同清点，编制销毁清册，逐级上缴省税务机关销毁；未填用的《税收缴款书（税务收现专用）》、《税收缴款书（代扣代收专用）》、税收完税证明需要销毁的，应当由两人以上共同清点，编制销毁清册，报经市税务机关批准，指派专人到县税务机关复核并监督销毁；其他各种税收票证、账簿和税收票证资料需要销毁的，由税收票证主管人员清点并编制销毁清册，报经县或市税务机关批准，由两人以上监督销毁；税收票证专用章戳需要销毁的，由刻制税收票证专用章戳的税务机关销毁。

第五十二条　税务机关应当定期对本级及下级税务机关、税收票证印制企业、扣缴义务人、代征代售人、自行填开税收票证的纳税人税收票证及税收票证专用章戳管理工作进行检查。

第五十三条　税务机关工作人员违反本办法的，应当根据情节轻重，给予批评教育、责令做出检查、诫勉谈话或调整工作岗位处理；构成违纪的，依照《中华人民共和国公务员法》、《行政机关公务员处分条例》等法律法规给予处分；涉嫌犯罪的，移送司法机关。

第五十四条　扣缴义务人未按照本办法及有关规定保管、报送代扣代缴、代收代缴税收票证及有关资料的，按照《中华人民共和国税收征收管理法》及相关规定进行处理。

扣缴义务人未按照本办法开具税收票证的，可以根据情节轻重，处以一千元以下的罚款。

第五十五条　税务机关与代征代售人、税收票证印制企业签订代征代售合同、税收票证印制合同时，应当就违反本办法及相关规定的责任进行约定，并按约定及其他有关规定追究责任；涉嫌犯罪的，移送司法机关。

第五十六条　自行填开税收票证的纳税人违反本办法及相关规定的，税务机关应当停止其税收票证的领用和自行填开，并限期缴销全部税收票证；情节严重的，可以处以一千元以下的罚款。

第五十七条　非法印制、转借、倒卖、变造或者伪造税收票证的，依照

《中华人民共和国税收征收管理法实施细则》的规定进行处理;伪造、变造、买卖、盗窃、抢夺、毁灭税收票证专用章戳的,移送司法机关。

第六章 附 则

第五十八条 各级政府部门委托税务机关征收的各种基金、费可以使用税收票证。

第五十九条 本办法第六条、第七条、第二十五条、第三十六条、第三十七条、第四十六条所称税收票证,不包括印花税票。

第六十条 本办法所称银行,是指经收预算收入的银行、信用社。

第六十一条 各省税务机关应当根据本办法制定具体规定,并报国家税务总局备案。

第六十二条 本办法自 2014 年 1 月 1 日起施行。1998 年 3 月 10 日国家税务总局发布的《税收票证管理办法》(国税发〔1998〕32 号)同时废止。

最高人民法院、最高人民检察院关于办理危害税收征管刑事案件适用法律若干问题的解释

(2024 年 1 月 8 日最高人民法院审判委员会第 1911 次会议、2024 年 2 月 22 日最高人民检察院第十四届检察委员会第二十五次会议通过 2024 年 3 月 15 日公布 法释〔2024〕4 号 自 2024 年 3 月 20 日起施行)

为依法惩治危害税收征管犯罪,根据《中华人民共和国刑法》《中华人民

共和国刑事诉讼法》的有关规定，现就办理此类刑事案件适用法律的若干问题解释如下：

第一条 纳税人进行虚假纳税申报，具有下列情形之一的，应当认定为刑法第二百零一条第一款规定的“欺骗、隐瞒手段”：

（一）伪造、变造、转移、隐匿、擅自销毁账簿、记账凭证或者其他涉税资料的；

（二）以签订“阴阳合同”等形式隐匿或者以他人名义分解收入、财产的；

（三）虚列支出、虚抵进项税额或者虚报专项附加扣除的；

（四）提供虚假材料，骗取税收优惠的；

（五）编造虚假计税依据的；

（六）为不缴、少缴税款而采取的其他欺骗、隐瞒手段。

具有下列情形之一的，应当认定为刑法第二百零一条第一款规定的“不申报”：

（一）依法在登记机关办理设立登记的纳税人，发生应税行为而不申报纳税的；

（二）依法不需要在登记机关办理设立登记或者未依法办理设立登记的纳税人，发生应税行为，经税务机关依法通知其申报而不申报纳税的；

（三）其他明知应当依法申报纳税而不申报纳税的。

扣缴义务人采取第一、二款所列手段，不缴或者少缴已扣、已收税款，数额较大的，依照刑法第二百零一条第一款的规定定罪处罚。扣缴义务人承诺为纳税人代付税款，在其向纳税人支付税后所得时，应当认定扣缴义务人“已扣、已收税款”。

第二条 纳税人逃避缴纳税款十万元以上、五十万元以上的，应当分别认定为刑法第二百零一条第一款规定的“数额较大”、“数额巨大”。

扣缴义务人不缴或者少缴已扣、已收税款“数额较大”、“数额巨大”的认定标准，依照前款规定。

第三条 纳税人有刑法第二百零一条第一款规定的逃避缴纳税款行为，在公安机关立案前，经税务机关依法下达追缴通知后，在规定的期限或者批准延缓、分期缴纳的期限内足额补缴应纳税款，缴纳滞纳金，并全部履行税务机关作出的行政处罚决定的，不予追究刑事责任。但是，五年内因逃避缴纳税款受过刑事处罚或者被税务机关给予二次以上行政处罚的除外。

纳税人有逃避缴纳税款行为，税务机关没有依法下达追缴通知的，依法不予追究刑事责任。

第四条　刑法第二百零一条第一款规定的“逃避缴纳税款数额”，是指在确定的纳税期间，不缴或者少缴税务机关负责征收的各税种税款的总额。

刑法第二百零一条第一款规定的“应纳税额”，是指应税行为发生年度内依照税收法律、行政法规规定应当缴纳的税额，不包括海关代征的增值税、关税等及纳税人依法预缴的税额。

刑法第二百零一条第一款规定的“逃避缴纳税款数额占应纳税额的百分比”，是指行为人在一个纳税年度中的各税种逃税总额与该纳税年度应纳税总额的比例；不按纳税年度确定纳税期的，按照最后一次逃税行为发生之日前一年中各税种逃税总额与该年应纳税总额的比例确定。纳税义务存续期间不足一个纳税年度的，按照各税种逃税总额与实际发生纳税义务期间应纳税总额的比例确定。

逃税行为跨越若干个纳税年度，只要其中一个纳税年度的逃税数额及百分比达到刑法第二百零一条第一款规定的标准，即构成逃税罪。各纳税年度的逃税数额应当累计计算，逃税额占应纳税额百分比应当按照各逃税年度百分比的最高值确定。

刑法第二百零一条第三款规定的“未经处理”，包括未经行政处理和刑事处理。

第五条　以暴力、威胁方法拒不缴纳税款，具有下列情形之一的，应当认定为刑法第二百零二条规定的“情节严重”：

（一）聚众抗税的首要分子；

（二）故意伤害致人轻伤的；

（三）其他情节严重的情形。

实施抗税行为致人重伤、死亡，符合刑法第二百三十四条或者第二百三十二条规定的，以故意伤害罪或者故意杀人罪定罪处罚。

第六条 纳税人欠缴应纳税款，为逃避税务机关追缴，具有下列情形之一的，应当认定为刑法第二百零三条规定的“采取转移或者隐匿财产的手段”：

（一）放弃到期债权的；

（二）无偿转让财产的；

（三）以明显不合理的价格进行交易的；

（四）隐匿财产的；

（五）不履行税收义务并脱离税务机关监管的；

（六）以其他手段转移或者隐匿财产的。

第七条 具有下列情形之一的，应当认定为刑法第二百零四条第一款规定的“假报出口或者其他欺骗手段”：

（一）使用虚开、非法购买或者以其他非法手段取得的增值税专用发票或者其他可以用于出口退税的发票申报出口退税的；

（二）将未负税或者免税的出口业务申报为已税的出口业务的；

（三）冒用他人出口业务申报出口退税的；

（四）虽有出口，但虚构应退税出口业务的品名、数量、单价等要素，以虚增出口退税额申报出口退税的；

（五）伪造、签订虚假的销售合同，或者以伪造、变造等非法手段取得出口报关单、运输单据等出口业务相关单据、凭证，虚构出口事实申报出口退税的；

（六）在货物出口后，又转入境内或者将境外同种货物转入境内循环进出口并申报出口退税的；

（七）虚报出口产品的功能、用途等，将不享受退税政策的产品申报为退税产品的；

（八）以其他欺骗手段骗取出口退税款的。

第八条 骗取国家出口退税款数额十万元以上、五十万元以上、五百万元以上的，应当分别认定为刑法第二百零四条第一款规定的“数额较大”、“数额巨大”、“数额特别巨大”。

具有下列情形之一的，应当认定为刑法第二百零四条第一款规定的“其他严重情节”：

（一）两年内实施虚假申报出口退税行为三次以上，且骗取国家税款三十万元以上的；

（二）五年内因骗取国家出口退税受过刑事处罚或者二次以上行政处罚，又实施骗取国家出口退税行为，数额在三十万元以上的；

（三）致使国家税款被骗取三十万元以上并且在提起公诉前无法追回的；

（四）其他情节严重的情形。

具有下列情形之一的，应当认定为刑法第二百零四条第一款规定的“其他特别严重情节”：

（一）两年内实施虚假申报出口退税行为五次以上，或者以骗取出口退税为主要业务，且骗取国家税款三百万元以上的；

（二）五年内因骗取国家出口退税受过刑事处罚或者二次以上行政处罚，又实施骗取国家出口退税行为，数额在三百万元以上的；

（三）致使国家税款被骗取三百万元以上并且在提起公诉前无法追回的；

（四）其他情节特别严重的情形。

第九条 实施骗取国家出口退税行为，没有实际取得出口退税款的，可以比照既遂犯从轻或者减轻处罚。

从事货物运输代理、报关、会计、税务、外贸综合服务等中介组织及其人员违反国家有关进出口经营规定，为他人提供虚假证明文件，致使他人骗取国家出口退税款，情节严重的，依照刑法第二百二十九条的规定追究刑事责任。

第十条 具有下列情形之一的，应当认定为刑法第二百零五条第一款规定的“虚开增值税专用发票或者虚开用于骗取出口退税、抵扣税款的其他发票”：

（一）没有实际业务，开具增值税专用发票、用于骗取出口退税、抵扣税款的其他发票的；

（二）有实际应抵扣业务，但开具超过实际应抵扣业务对应税款的增值税专用发票、用于骗取出口退税、抵扣税款的其他发票的；

（三）对依法不能抵扣税款的业务，通过虚构交易主体开具增值税专用发票、用于骗取出口退税、抵扣税款的其他发票的；

（四）非法篡改增值税专用发票或者用于骗取出口退税、抵扣税款的其他发票相关电子信息的；

（五）违反规定以其他手段虚开的。

为虚增业绩、融资、贷款等不以骗抵税款为目的，没有因抵扣造成税款被骗损失的，不以本罪论处，构成其他犯罪的，依法以其他犯罪追究刑事责任。

第十一条 虚开增值税专用发票、用于骗取出口退税、抵扣税款的其他发票，税款数额在十万元以上的，应当依照刑法第二百零五条的规定定罪处罚；虚开税款数额在五十万元以上、五百万元以上的，应当分别认定为刑法第二百零五条第一款规定的“数额较大”、“数额巨大”。

具有下列情形之一的，应当认定为刑法第二百零五条第一款规定的“其他严重情节”：

（一）在提起公诉前，无法追回的税款数额达到三十万元以上的；

（二）五年内因虚开发票受过刑事处罚或者二次以上行政处罚，又虚开增值税专用发票或者虚开用于骗取出口退税、抵扣税款的其他发票，虚开税款数额在三十万元以上的；

（三）其他情节严重的情形。

具有下列情形之一的，应当认定为刑法第二百零五条第一款规定的“其他特别严重情节”：

（一）在提起公诉前，无法追回的税款数额达到三百万元以上的；

（二）五年内因虚开发票受过刑事处罚或者二次以上行政处罚，又虚开增值税专用发票或者虚开用于骗取出口退税、抵扣税款的其他发票，虚开税款数额在三百万元以上的；

（三）其他情节特别严重的情形。

以同一购销业务名义，既虚开进项增值税专用发票、用于骗取出口退税、抵扣税款的其他发票，又虚开销项的，以其中较大的数额计算。

以伪造的增值税专用发票进行虚开，达到本条规定标准的，应当以虚开增值税专用发票罪追究刑事责任。

第十二条 具有下列情形之一的，应当认定为刑法第二百零五条之一第一款规定的“虚开刑法第二百零五条规定以外的其他发票”：

（一）没有实际业务而为他人、为自己、让他人为自己、介绍他人开具发票的；

（二）有实际业务，但为他人、为自己、让他人为自己、介绍他人开具与实际业务的货物品名、服务名称、货物数量、金额等不符的发票的；

（三）非法篡改发票相关电子信息的；

（四）违反规定以其他手段虚开的。

第十三条 具有下列情形之一的，应当认定为刑法第二百零五条之一第一款规定的“情节严重”：

（一）虚开发票票面金额五十万元以上的；

（二）虚开发票一百份以上且票面金额三十万元以上的；

（三）五年内因虚开发票受过刑事处罚或者二次以上行政处罚，又虚开发票，票面金额达到第一、二项规定的标准60%以上的。

具有下列情形之一的，应当认定为刑法第二百零五条之一第一款规定的“情节特别严重”：

（一）虚开发票票面金额二百五十万元以上的；

（二）虚开发票五百份以上且票面金额一百五十万元以上的；

（三）五年内因虚开发票受过刑事处罚或者二次以上行政处罚，又虚开发票，票面金额达到第一、二项规定的标准60%以上的。

以伪造的发票进行虚开，达到本条第一款规定的标准的，应当以虚开发票罪追究刑事责任。

第十四条 伪造或者出售伪造的增值税专用发票，具有下列情形之一的，应当依照刑法第二百零六条的规定定罪处罚：

（一）票面税额十万元以上的；

（二）伪造或者出售伪造的增值税专用发票十份以上且票面税额六万元以上的；

（三）违法所得一万元以上的。

伪造或者出售伪造的增值税专用发票票面税额五十万元以上的，或者五十份以上且票面税额三十万元以上的，应当认定为刑法第二百零六条第一款规定的“数量较大”。

五年内因伪造或者出售伪造的增值税专用发票受过刑事处罚或者二次以上行政处罚，又实施伪造或者出售伪造的增值税专用发票行为，票面税额达到本条第二款规定的标准60%以上的，或者违法所得五万元以上的，应当认定为刑法第二百零六条第一款规定的“其他严重情节”。

伪造或者出售伪造的增值税专用发票票面税额五百万元以上的，或者五百份以上且票面税额三百万元以上的，应当认定为刑法第二百零六条第一款规定的“数量巨大”。

五年内因伪造或者出售伪造的增值税专用发票受过刑事处罚或者二次以上行政处罚，又实施伪造或者出售伪造的增值税专用发票行为，票面税额达到本条第四款规定的标准60%以上的，或者违法所得五十万元以上的，应当认定为刑法第二百零六条第一款规定的“其他特别严重情节”。

伪造并出售同一增值税专用发票的，以伪造、出售伪造的增值税专用发票罪论处，数量不重复计算。

变造增值税专用发票的，按照伪造增值税专用发票论处。

第十五条 非法出售增值税专用发票的，依照本解释第十四条的定罪量刑标准定罪处罚。

第十六条 非法购买增值税专用发票或者购买伪造的增值税专用发票票面税额二十万元以上的，或者二十份以上且票面税额十万元以上的，应当依照刑法第二百零八条第一款的规定定罪处罚。

非法购买真、伪两种增值税专用发票的，数额累计计算，不实行数罪并罚。

购买伪造的增值税专用发票又出售的，以出售伪造的增值税专用发票罪定罪处罚；非法购买增值税专用发票用于骗取抵扣税款或者骗取出口退税款，同时构成非法购买增值税专用发票罪与虚开增值税专用发票罪、骗取出口退税罪的，依照处罚较重的规定定罪处罚。

第十七条 伪造、擅自制造或者出售伪造、擅自制造的用于骗取出口退税、抵扣税款的其他发票，具有下列情形之一的，应当依照刑法第二百零九条第一款的规定定罪处罚：

（一）票面可以退税、抵扣税额十万元以上的；

（二）伪造、擅自制造或者出售伪造、擅自制造的发票十份以上且票面可以退税、抵扣税额六万元以上的；

（三）违法所得一万元以上的。

伪造、擅自制造或者出售伪造、擅自制造的可以用于骗取出口退税、抵扣税款的其他发票票面可以退税、抵扣税额五十万元以上的，或者五十份以上且票面可以退税、抵扣税额三十万元以上的，应当认定为刑法第二百零九条第一款规定的“数量巨大”；伪造、擅自制造或者出售伪造、擅自制造的可以用于骗取出口退税、抵扣税款的其他发票票面可以退税、抵扣税额五百万元以上的，或者五百份以上且票面可以退税、抵扣税额三百万元以上的，应当认定为刑法第二百零九条第一款规定的“数量特别巨大”。

伪造、擅自制造或者出售伪造、擅自制造刑法第二百零九条第二款规定的发票，具有下列情形之一的，应当依照该款的规定定罪处罚：

（一）票面金额五十万元以上的；

（二）伪造、擅自制造或者出售伪造、擅自制造发票一百份以上且票面金额三十万元以上的；

（三）违法所得一万元以上的。

伪造、擅自制造或者出售伪造、擅自制造刑法第二百零九条第二款规定的发票，具有下列情形之一的，应当认定为“情节严重”：

（一）票面金额二百五十万元以上的；

（二）伪造、擅自制造或者出售伪造、擅自制造发票五百份以上且票面金额一百五十万元以上的；

（三）违法所得五万元以上的。

非法出售用于骗取出口退税、抵扣税款的其他发票的，定罪量刑标准依照本条第一、二款的规定执行。

非法出售增值税专用发票、用于骗取出口退税、抵扣税款的其他发票以外的发票的，定罪量刑标准依照本条第三、四款的规定执行。

第十八条 具有下列情形之一的，应当认定为刑法第二百一十条之一第一款规定的“数量较大”：

（一）持有伪造的增值税专用发票或者可以用于骗取出口退税、抵扣税款的其他发票票面税额五十万元以上的；或者五十份以上且票面税额二十五万元以上的；

(二)持有伪造的前项规定以外的其他发票票面金额一百万元以上的，或者一百份以上且票面金额五十万元以上的。

持有的伪造发票数量、票面税额或者票面金额达到前款规定的标准五倍以上的，应当认定为刑法第二百一十条之一第一款规定的“数量巨大”。

第十九条 明知他人实施危害税收征管犯罪而仍为其提供账号、资信证明或者其他帮助的，以相应犯罪的共犯论处。

第二十条 单位实施危害税收征管犯罪的定罪量刑标准，依照本解释规定的标准执行。

第二十一条 实施危害税收征管犯罪，造成国家税款损失，行为人补缴税款、挽回税收损失的，可以从宽处罚；犯罪情节轻微不需要判处刑罚的，可以不起诉或者免予刑事处罚；情节显著轻微危害不大的，不作为犯罪处理。

对于实施本解释规定的相关行为被不起诉或者免予刑事处罚，需要给予行政处罚、政务处分或者其他处分的，依法移送有关主管机关处理。有关主管机关应当将处理结果及时通知人民检察院、人民法院。

第二十二条 本解释自2024年3月20日起施行。《最高人民法院关于适用〈全国人民代表大会常务委员会关于惩治虚开、伪造和非法出售增值税专用发票犯罪的决定〉的若干问题的解释》(法发〔1996〕30号)、《最高人民法院关于审理骗取出口退税刑事案件具体应用法律若干问题的解释》(法释〔2002〕30号)、《最高人民法院关于审理偷税、抗税刑事案件具体应用法律若干问题的解释》(法释〔2002〕33号)同时废止；最高人民法院、最高人民检察院以前发布的司法解释与本解释不一致的，以本解释为准。

税收征收管理过程中最常用表格

（原表为 A3 或 A4 大小，为了查阅方便予以缩小）

1. 税务登记表（适用单位纳税人）
2. 税务登记表（适用个体经营）
3. 纳税人税（费）种登记表
4. 税务行政许可申请表
5. 发票领购簿申请审批表
6. 纳税人减免税申请审批表
7. 增值税纳税申报表（适用于一般纳税人）
8. 某省地方税（费）纳税综合申报表
9. 企业所得税年度纳税申报表
10. 资产负债表（纳税申报时随附的企业会计报表）
11. 利润表（纳税申报时随附的企业会计报表）

1. 税务登记表

（适用单位纳税人）

税务编码： 填表日期： 年 月 日

<table>
<tr><td>纳税人名称</td><td colspan="2"></td><td colspan="2">纳税人识别号</td><td colspan="3"></td></tr>
<tr><td>登记注册类型</td><td colspan="2"></td><td colspan="2">批准设立机关</td><td colspan="3"></td></tr>
<tr><td>组织机构代码</td><td colspan="2"></td><td colspan="2">批准设立证明或文件号</td><td colspan="3"></td></tr>
<tr><td>开业（设立）日期</td><td></td><td>生产经营期限</td><td></td><td>证照名称</td><td></td><td>证照号码</td><td></td></tr>
<tr><td>注册地址</td><td></td><td>邮政编码</td><td></td><td>联系电话</td><td></td><td></td><td></td></tr>
<tr><td>生产经营地址</td><td></td><td>邮政编码</td><td></td><td>联系电话</td><td></td><td></td><td></td></tr>
<tr><td>核算方式</td><td colspan="4">请选择对应项目打“√”□独立核算 □非独立核算度</td><td>从业人数</td><td colspan="2">____ 其中外籍人数 ____</td></tr>
<tr><td>单位性质</td><td colspan="7">请选择对应项目打“√”□企业 □行政事业单位 □社会团体 □民办非企业单位 □其他</td></tr>
<tr><td>网站网址</td><td colspan="3"></td><td>国标行业</td><td colspan="3">□□□□□□□□</td></tr>
<tr><td>适用会计制度</td><td colspan="7">请选择对应项目打“√” □企业会计制度 □小企业会计制度 □金融企业会计制度 □行政事业单位会计制度 □医院会计制度 □民间非营利组织会计制度</td></tr>
<tr><td colspan="2">经营范围</td><td colspan="6">请将法定代表人（负责人）身份证件复印件粘贴在此处。</td></tr>
</table>

<table>
<tr><td rowspan="2">项目 内容 联系人</td><td rowspan="2">姓名</td><td colspan="2">身份证件</td><td rowspan="2">固定电话</td><td rowspan="2">移动电话*</td><td rowspan="2">电子邮箱</td></tr>
<tr><td>种类</td><td>号码</td></tr>
<tr><td>法定代表（负责人）人</td><td></td><td></td><td></td><td></td><td></td><td></td></tr>
<tr><td>财务负责人</td><td></td><td></td><td></td><td></td><td></td><td></td></tr>
<tr><td>经办人</td><td></td><td></td><td></td><td></td><td></td><td></td></tr>
<tr><td colspan="2">税务代理人名称</td><td colspan="2">纳税人识别号</td><td colspan="2">联系电话</td><td>电子邮箱</td></tr>
<tr><td colspan="2"></td><td colspan="2"></td><td colspan="2"></td><td></td></tr>
</table>

注册资本或投资总额	币种	金额	币种	金额	币种	金额

投资方名称	投资方注册登记类型	投资比例	证件种类	证件号码	国籍或地址

续表

自然人投资比例		外资投资比例		国有投资比例	

分支机构名称	注册地址	纳税人识别号

总机构名称		纳税人识别号	
注册地址		经营范围	

法定代表人		联系电话		注册地邮政编码	

代扣代缴、代收代缴税款业务情况	代扣代缴、代收代缴税款业务内容	代扣代缴、代收代缴税种

附报资料：

注：带＊号为纳税人接收、回复12366短信息号码！

经办人签章： ____年____月____日	法定代表人（负责人）签章： ____年 ____月 ____日	纳税人公章： ____年____月____日

以下由税务机关填写：

纳税人所处街道乡镇		隶属关系		主管部门	

是否属于国税、地税共管户	□是 □否	地税主管税务局		地税主管税务分局	
		国税主管税务局		国税主管税务分局	

经办人（签章）： 国税经办人：________ 地税经办人：________ 受理日期： ____年____月____日	国家税务登记机关 （税务登记专用章）： 核准日期： ____ 年____ 月____ 日 国税主管税务机关：	地方税务登记机关 （税务登记专用章）： 核准日期： ____ 年____ 月 ____ 日 地税主管税务机关：
国税核发《税务登记证副本》数量： 本 发证日期：____ 年____ 月 ____ 日		
地税核发《税务登记证副本》数量： 本 发证日期：____ 年____ 月 ____ 日		

国家税务总局监制

2. 税务登记表

（适用个体经营）

税务编码： 填表日期： 年 月 日

纳税人名称		纳税人识别号			
登记注册类型	请选择对应项目打"√" □个体工商户 □个人合伙经营 □个人独资经营				
开业（设立）日期		批准设立机关			
生产经营期限		证照名称		证照号码	
注册地址		邮政编码		联系电话	
生产经营地址		邮政编码		联系电话	
合伙人数		雇工人数		其中固定工人数	
网站网址			国标行业	□□□□□□□□	

业主姓名	国籍或户籍地	固定电话	移动电话 *	电子邮箱
身份证件名称		证件号码		
经营范围				

分店情况	分店名称	纳税人识别号	地址	电话

合伙人投资情况	合伙人姓名	国籍或地址	身份证件名称	身份证件号码	投资金额（万元）	投资比例	分配比例

代扣代缴、代收代缴税款业务情况	代扣代缴、代收代缴税款业务内容	代扣代缴、代收代缴税种

附报资料：

注：带 * 号为纳税人接收、回复 12366 短信息号码！

经办人签章： ____年____月____日	业主签章： ____年____月____日

以下由税务机关填写：

纳税人所处街道乡镇			隶属关系	
是否属于国税、地税共管户	□是	地税主管税务局		地税主管税务分局	
	□否	国税主管税务局		国税主管税务分局	

续表

经办人(签章): 国税经办人:_______ 地税经办人:_______ 受理日期: ____年____月____日	国家税务登记机关 (税务登记专用章): 核准日期: ____年____月____日 国税主管税务机关:	地方税务登记机关 (税务登记专用章): 核准日期: ____年____月____日 地税主管税务机关:
国税核发《税务登记证副本》数量: 本 发证日期:____年____月____日		
地税核发《税务登记证副本》数量: 本 发证日期:____年____月____日		

国家税务总局监制

3. 纳税人税(费)种登记表

根据本单位的生产经营范围、应税财产情况及税法的有关规定,我单位应申报缴纳如下税费种类。如应纳税(费)项目发生变化,重新确认。

纳税人(公章): 经办人签字:

年 月 日

地税编码			纳税人识别号			
登记日期			联系电话			
纳税人名称				法定代表人		
税(费)种名称	税目 (或品目)	税率或 单位税额	申报 缴纳期限	预算级次	征收 方式	收入 国库

4. 税务行政许可申请表

申请日期： 年 月 日 编号：

<table>
<tr><td rowspan="8">申请人</td><td>姓　名</td><td></td><td>身份证件</td><td></td></tr>
<tr><td>电　话</td><td></td><td>邮政编码</td><td></td></tr>
<tr><td>住　址</td><td colspan="3"></td></tr>
<tr><td>单　位</td><td></td><td>法定代表人</td><td></td></tr>
<tr><td>邮政编码</td><td></td><td>电　话</td><td></td></tr>
<tr><td>地　址</td><td colspan="3"></td></tr>
<tr><td>委托代理人</td><td></td><td>身份证件</td><td></td></tr>
<tr><td>住　址</td><td></td><td>电　话</td><td></td></tr>
<tr><td>申请事项</td><td colspan="4">（在申请事项前划“√”）
1. 异地申请领购发票的审批；
2. 计算机开票的审批；
3. 拆本使用发票的审批；
4. 建立收支凭证粘贴簿、进货销货登记簿或者使用税控装置的审批；
5. 印花税票代售许可。</td></tr>
</table>

受理人（审核人）： 收到日期： 年 月 日

5. 发票领购簿申请审批表

地税编码		纳税人识别号		联系电话	
纳税人名称		地址			
经办人员姓名		经办人员身份证号		邮编	

发票名称	联 次	每月用量

申请理由： 申请人盖章 年 月 日	申请人财务专用章或发票专用章印模	

以下由税务机关填写

发票编码	发票名称	数量	购票方式	购票形式

发票管理部门审批意见 （盖章） 年 月 日	经办人：（盖章） 负责人：（盖章） 年 月 日

注：1. 本表为 A4 竖式，系纳税人初次购票前及因经营范围变化等原因，需增减发票种类数量时填写。

2. 经审批同意后，将有关发票内容打印在《发票领购簿》中。

3. 此表不作为日常领购发票的凭据。

4. 购票方式分验旧购新、交旧购新、批量供应三种。

5. 购票形式分领购、代售、自印三种形式。

6. 纳税人减免税申请审批表

纳税人识别号：□□□□□□□□□□□□□□□

纳税人名称：

<table>
<tr><td rowspan="13">企业基本情况</td><td>生产经营地址</td><td colspan="6"></td></tr>
<tr><td>办税人员</td><td></td><td>联系电话</td><td></td><td>邮政编码</td><td colspan="2"></td></tr>
<tr><td>登记注册类型</td><td></td><td>开业时间</td><td></td><td>生产经营期限</td><td colspan="2"></td></tr>
<tr><td>生产经营范围</td><td colspan="6"></td></tr>
<tr><td>第一次获利时间</td><td colspan="6">享受减免税优惠</td></tr>
<tr><td rowspan="3"></td><td colspan="2">税种</td><td colspan="2">期限</td><td colspan="2">幅度</td></tr>
<tr><td colspan="2"></td><td colspan="2"></td><td colspan="2"></td></tr>
<tr><td colspan="2"></td><td colspan="2"></td><td colspan="2"></td></tr>
<tr><td colspan="7">欠税情况</td></tr>
<tr><td>税种</td><td colspan="2">税额</td><td colspan="2">税款所属时间</td><td colspan="2">欠税原因</td></tr>
<tr><td></td><td colspan="2"></td><td colspan="2"></td><td colspan="2"></td></tr>
<tr><td></td><td colspan="2"></td><td colspan="2"></td><td colspan="2"></td></tr>
<tr><td colspan="7"></td></tr>
<tr><td rowspan="5">减免税情况</td><td colspan="7">理由：</td></tr>
<tr><td rowspan="2">税种</td><td colspan="4">减税</td><td colspan="2" rowspan="2">免税期限</td></tr>
<tr><td colspan="2">期限</td><td colspan="2">减税幅（额度）</td></tr>
<tr><td></td><td colspan="2"></td><td colspan="2"></td><td colspan="2"></td></tr>
<tr><td colspan="7">（签章）
法定代表人（负责人）： 经办人： 年 月 日</td></tr>
</table>

以下由税务机关填写

<table>
<tr><td colspan="2">主管税务机关：
减免依据是否合法：
减免幅（额）度是否合理： （公章）
负责人： 经办人： 年 月 日</td></tr>
<tr><td>上级税务机关：

（公章）
负责人：
经办人： 年 月 日</td><td>上级税务机关：

（公章）
负责人：
经办人： 年 月 日</td></tr>
</table>

7. 增值税纳税申报表

（适用于一般纳税人）

根据《中华人民共和国增值税暂行条例》第二十二条和第二十三条的规定制定本表，纳税人不论有无销售额，均应按主管税务机关核定的纳税期限按期填报本表，并于次月一日起十日内，向当地税务机关申报。

税款所属时间：自　　年　月　日至　　年　月　日

填表日期：　年　月　日

金额单位：元至角分

纳税人识别号		所属行业					
纳税人名称	（公章）	法定代表人姓名		注册地址		营业地址	
开户银行及帐号		企业登记注册类型		电话号码			

项目		栏次	一般货物及劳务		即征即退货物及劳务	
			本月数	本年累计	本月数	本年累计
销售额	（一）按适用税率征税货物及劳务销售额	1				
	其中：应税货物销售额	2				
	应税劳务销售额	3				
	纳税检查调整的销售额	4				
	（二）按简易征收办法征税货物销售额	5				
	其中：纳税检查调整的销售额	6				
	（三）免、抵、退办法出口货物销售额	7			——	——
	（四）免税货物及劳务销售额	8			——	——
	其中：免税货物销售额	9			——	——
	免税劳务销售额	10			——	——

续表

税款计算	销项税额	11				
	进项税额	12				
	上期留抵税额	13		——		——
	进项税额转出	14				
	免抵退货物应退税额	15			——	——
	按适用税率计算的纳税检查应补缴税额	16			——	——
	应抵扣税额合计	17 = 12 + 13 − 14 − 15 + 16		——		——
	实际抵扣税额	18（如 17 < 11，则为 17，否则为 11）				
	应纳税额	19 = 11 − 18				
	期末留抵税额	20 = 17 − 18		——		——
	简易征收办法计算的应纳税额	21				
	按简易征收办法计算的纳税检查应补缴税额	22			——	——
	应纳税额减征额	23				
	应纳税额合计	24 = 19 + 21 − 23				
税款缴纳	期初未缴税额（多缴为负数）	25				
	实收出口开具专用缴款书退税额	26			——	——
	本期已缴税额	27 = 28 + 29 + 30 + 31				
	（1）分次预缴税额	28		——		——

续表

	(2)出口开具专用缴款书预缴税额	29		——	——	——
	(3)本期交纳上期应纳税额	30				
	(4)本期缴纳欠缴税额	31				
	期末未缴税额(多缴为负数)	32 = 24 + 25 + 26 - 27				
	其中:欠缴税额(≥0)	33 = 25 + 26 - 27		——		——
	本期应补(退)税额	34 = 24 - 28 - 29		——		——
	即征即退实际退税额	35	——	——		
	期初未缴查补税额	36			——	——
	本期入库查补税额	37			——	——
	期末未缴查补税额	38 = 16 + 22 + 36 - 37			——	——

授权声明	如果你已委托代理人申报,请填写以下资料: 为代理一切税务事宜,现授权 (地址) 为本纳税人的代理申报人,任何与本申报表有关的往来文件,都可寄予此人。 授权人签字:	申报人声明	此纳税申报表是根据《中华人民共和国增值税暂行条例》的规定填报的,我相信它是真实的、可靠的、完整的。 声明人签字:

以下由税务机关填写:

收到日期: 接收人:

主管税务机关盖章:

8. 某省地方税(费)纳税综合申报表

填报日期：　　年　月　日　　　　　　　　　计算单位：元(列至角分). m^2. 本/份

纳税人全称(盖章)		地税编码		经济类型		财务负责人	
营业地址		开户银行		银行帐号		电话号码	

税(费)种	税(费)目	所属时期	应税收入	应税减除项目金额	计征依据(金额或数量)	免税收入	税(费)率或单位税(费)额	本期应纳税(费)额	被扣缴税额	减免税(费)额			批准缓缴税额	前期多缴税额	本期已纳税额	本期应补(退)税额	缴费人数
										合计	无需审批	审批类					
1	2	3	4	5	6	7	8	9 = 6 * 8	10	11 = 7 * 8 = 12 + 13	12	13	14	15	16	17 = 9 - 10 - 11 - 14 - 15 - 16	18
合计	—	—	—	—	—	—	—										

续表

<table>
<tr><td rowspan="1">纳税人声明</td><td>本单位(公司、个人)所申报的各种税费款真实、准确,如有虚假内容,愿承担法律责任。

法人代表(业主)签名:
年 月 日</td><td>授权人声明</td><td>我(公司)现授权为本纳税人的代理申报人,其法人代表______电话______,任何与申报有关的往来文件,都可寄此代理机构。

委托代理合同号码:
授权人(法人代表、业主)签名:
年 月 日</td><td>代理人声明</td><td>本纳税申报表是按照国家税法和税务机关规定填报,我确信其真实、合法。

代理人(法人代表)签名:
经办人签名:
(代理人盖章)
年 月 日</td><td rowspan="2">备注</td><td rowspan="2"></td></tr>
<tr><td colspan="2">税务机关填写</td><td colspan="2">受理申报日期: 年 月 日
受理人签名:</td><td colspan="2">录入日期: 年 月 日
录入员签名:</td></tr>
</table>

企业(业主)财务负责人或税务代理人签名: 企业(业主)会计主管或税务代理主管签名:
填表人签名:

备注:本表适用于营业税、城建税、教育费附加、资源税、房产税和城市房地产税、土地增值税和城镇土地使用税(预征部分)、车船使用税、车船使用牌照税、印花税(仅限汇总缴纳和核定征收两种方式)、文化事业建设费、水利建设专项资金的申报。

9. 企业所得税年度纳税申报表

税款所属期间：　　年　月　日至　　年　月　日

税务编码：□□□□□□□□□□□□□□□□□□□

纳税人名称：

金额单位：元(列至角分)

	行次	项　目	金　额
收入总额	1	销售(营业)收入(请填附表一)	
	2	投资收益(请填附表三)	
	3	投资转让净收入(请填附表三)	
	4	补贴收入	
	5	其他收入(请填附表一)	
	6	收入总额合计(1+2+3+4+5)	
扣除项目	7	销售(营业)成本(请填附表二)	
	8	主营业务税金及附加	
	9	期间费用(请填附表二)	
	10	投资转让成本(请填附表三)	
	11	其他扣除项目(请填附表二)	
	12	扣除项目合计(7+8+9+10+11)	
应纳税所得额的计算	13	纳税调整前所得(6-12)	
	14	加:纳税调整增加额(请填附表四)	
	15	减:纳税调整减少额(请填附表五)	
	16	纳税调整后所得(13+14-15)	
	17	减:弥补以前年度亏损(请填附表六)(17≤16)	
	18	减:免税所得(请填附表七)(18≤16-17)	
	19	加:应补税投资收益已缴所得税额	
	20	减:允许扣除的公益救济性捐赠额(请填附表八)	
	21	减:加计扣除额(请填附表九)(21≤16-17-18+19-20)	
	22	应纳税所得额(16-17-18+19-20-21)	
应纳所得税额的计算	23	适用税率	
	24	境内所得应纳所得税额(22×23)	
	25	减:境内投资所得抵免税额	
	26	加:境外所得应纳所得税额(请填附表十)	
	27	减:境外所得抵免税额(请填附表十)	
	28	境内、外所得应纳所得税额(24-25+26-27)	

续表

	行次	项 目	金 额
	29	减:减免所得税额(请填附表七)	
	30	实际应纳所得税额(28 - 29)	
	31	汇总纳税成员企业就地预缴比例	
	32	汇总纳税成员企业就地应预缴的所得税额(30 × 31)	
	33	减:本期累计实际已预缴的所得税额	
	34	本期应补(退)的所得税额	
	35	附:上年应缴未缴本年入库所得税额	

纳税人声明:此纳税申报表是根据《中华人民共和国企业所得税暂行条例》及其实施细则和国家有关税收规定填报的,是真实的、完整的。

法定代表人(签字): 年 月 日

纳税人公章: 经办人: 申报日期: 年 月 日	代理申报中介机构公章: 经办人执业证件号码: 代理申报日期: 年 月 日	主管税务机关受理专用章: 受理人: 受理日期: 年 月 日

10. 资产负债表

（纳税申报时随附的企业会计报表）

编制单位：　　　　　　　　　　　　　　　　　　　年　月　日
会企 01 表
税务编码：
单位：元

资　产	行次	年初数	期末数	负债和所有者权益（或股东权益）	行次	年初数	期末数
流动资产：				流动负债：			
货币资金	1			短期借款	68		
短期投资	2			应付票据	69		
应收票据	3			应付帐款	70		
应收股利	4			预付帐款	71		
应收利息	5			应付工资	72		
应收帐款	6			应付福利费	73		
其他应收款	7			应付股利	74		
预付帐款	8			应交税金	75		
应收补贴款	9			其他应交款	80		
存货	10			其他应付款	81		
待摊费用	11			预提费用	82		
一年内到期的长期债权投资	21			预计负债	83		
其他流动资产	24			一年内到期的长期负债	86		
流动资产合计	31			其他流动负债	90		
长期投资：							
长期股权投资	32			流动负债合计	100		
长期债权投资	34			长期负债：			
长期投资合计	38			长期借款	101		
固定资产：				应付债券	102		
固定资产原价	39			其他应付款	103		
减：累计折旧	40			专项应付款	106		
固定资产净值	41			其他长期负债	108		
减：固定资产减值准备	42			长期负债合计	110		

续表

资　产	行次	年初数	期末数	负债和所有者权益(或股东权益)	行次	年初数	期末数
固定资产净额	43			递延税项:			
工程物资	44			递延税款贷项	111		
在建工程	45			负债合计	114		
固定资产清理	46						
固定资产合计	50			所有者权益(或股东权益):			
无形资产及其他资产:				实收资本(或股本)	115		
无形资产	51			减:已归还投资	116		
长期待摊费用	52			实收资本(或股本)净额	117		
其他长期资产	53			资本公积	118		
无形资产及其他资产合计	60			盈余公积	119		
				其中:法定公益金	120		
递延税项:				未分配利润	121		
递延税款借项	61			所有者权益(或股东权益)合计	122		
资产总计	67			负债和所有者权益(或股东权益)合计	135		

11. 利　润　表

（纳税申报时随附的企业会计报表）

编制单位：　　　　　　　　　　　　　　　　　　　　年　月　日
会企 02 表
地税编码：　　　　　　　　　　　　　　　　　　　　单位：元

项　　目	行次	本月数	本年累计数
一、主营业务收入	1		
减：主营业务成本	4		
主营业务税金及附加	5		
二、主营业务利润（亏损以"－"号填列）	10		
加：其他业务利润（亏损以"－"号填列）	11		
减：营业费用	14		
管理费用	15		
财务费用	16		
三、营业利润（亏损以"－"号填列）	18		
加：投资收益（损失以"－"号填列）	19		
补贴收入	22		
营业外收入	23		
减：营业外支出	25		
四、利润总额（亏损总额以"－"号填列）	27		
减：所得税	28		
五、净利润（净亏损以"－"号填列）	30		

补充资料：

项　　目	本年累计数	上年实际数
1. 出售、处置部门或被投资单位所得收益		
2. 自然灾害发生的损失		
3. 会计政策变更增加（或减少）利润总额		
4. 会计估计变更增加（或减少）利润总额		
5. 债务重组损失		
6. 其他		

说明：

带灰色底纹的项目由系统计算得出，逻辑关系如下：

10 = 1（+2 +3）-4 -5（-6 -7 -8 -9）

18 = 10 + 11（+12 + 13）- 14 - 15 - 16 - 17

27 = 18 + 19（+20 + 21）+ 22 + 23（+24）- 25（-26）

30 = 27 - 28（-29）

注：括号中的栏目为预留项目。